摘帽

苗家贡米
助力脱贫的路径选择

谭云明　艾华　著

中国经济出版社
CHINA ECONOMIC PUBLISHING HOUSE
·北京·

步步高集团董事长王填（右一）向无印良品中国区董事、总经理清水智（右二）推介苗家贡米，湖南省人大常委会副主任叶红专（左二）等陪同。

湖南省委常委、组织部部长王成（右三）听了步步高集团党委书记、总裁陈志强（右二）的汇报后欣喜地说：“步步高集团以产业扶贫的方式介入精准扶贫重要方略，定位非常准确，也做得非常好！”

湖南贡米农业有限公司岩锣米厂建成投产仪式现场

苗家贡米系列产品

图书在版编目（CIP）数据

摘帽：苗家贡米助力脱贫的路径选择 / 谭云明，艾华著. --北京：中国经济出版社，2021. 9

ISBN 978-7-5136-6638-1

Ⅰ. ①摘… Ⅱ. ①谭… ②艾… Ⅲ. ①稻谷-采购管理-研究-中国 ②扶贫-研究-花垣县 Ⅳ. ①F326. 11 ②F127. 645

中国版本图书馆 CIP 数据核字（2021）第 187685 号

责任编辑 王西琨
责任印制 马小宾
封面设计 任燕飞工作室

出版发行 中国经济出版社
印 刷 者 北京建宏印刷有限公司
经 销 者 各地新华书店
开　　本 710mm×1000mm 1/16
印　　张 14. 75 彩页 0. 25
字　　数 198 千字
版　　次 2021 年 9 月第 1 版
印　　次 2021 年 9 月第 1 次
定　　价 88. 00 元
广告经营许可证 京西工商广字第 8179 号

中国经济出版社 网址 www. economyph. com 社址 北京市东城区安定门外大街 58 号 邮编 100011
本版图书如存在印装质量问题，请与本社销售中心联系调换（联系电话：010-57512564）

策划与撰稿者

谭云明　艾　华

参与撰稿者

方德能　范　柳　徐奕涵
柯些妮　付羿雨　谭莎利
苏劲松　金　欢　赖雯珺
吴家奇　贺玉喜　贺显潘

前言 INTRODUCTION

又见花垣，又见花垣

群山回响，苗音重唱；天幕水洗，苍树遒劲。坐在驶向湖南湘西花垣的车上，映入眼帘的依旧是那绵延蜿蜒的山路，依旧是那沁人心脾的绿帘，口鼻间不禁回味着曾呼吸过的、令人难以忘怀的苗家空气。夜幕下的矮寨大桥也用它伟岸的身姿提醒着我们，又见花垣，又见花垣的渴望，再一次得以实现。往昔在花垣的回忆如同迸溅的泉水涌上心头，令人倍感亲切。

这不是我们第一次踏上这片赤忱的土地。自 2017 年起，我就带领研究团队，连续四年来到湖南做产业扶贫调研。2017 年，我曾带领首都高校师生在十八洞村展开调研，通过重访习近平总书记的扶贫路，感受精准扶贫在十八洞村结出的丰硕成果，在实践中探索培养新时代新闻人才的途径。其调研报告向人们很好地展示了在精准扶贫政策的指导下，贫困村脱贫致富的路径，同时让当代大学生通过国情考察、民生调研，真正体会到了如何将学问做到大地上，把论文写在希望的田野里。

四年来，虽然来到这片土地上的是不同的调研团队和学生，但调研的主题始终未曾改变，即都是围绕产业如何带动当地扶贫脱困，走向振兴和富裕之路展开。在这一系列调研的背后，也饱含了我深切的故土情结和新闻人的情怀：作为一名土生土长的湖南人，故土带给了我坚韧的性格与豪爽的性情，一条长达千里的感情线，一头连接着我居住的首都北京，另一头则牵绊着记忆深处的故乡，这也是我如此热爱这片土地、选择返回湖南调研的原因之一。而作为一位新闻人，我曾在文章中写道：走向实践地的扶贫调研是青年学子担当历史责任、在基层中磨炼意志和检验专业知识的极佳经历，我愿意成为广大新闻学子内心的火把，点燃将思政教育和专业教育相结合、培养新时代新闻人的火焰。

白驹过隙，转眼就到了2020年，距离习近平总书记提出“精准扶贫”这一思想已有七年之久，精准扶贫也从高屋建瓴的政策规划中，落到了一个又一个贫困地区、贫困村的土地上，并不断地生根发芽，结出了喜人的成果。2020年是我国全面建成小康社会的决胜之年，也是打赢脱贫攻坚战的收官之年。作为合格的新时代新闻人，应当始终以国家富强、民族复兴和人民幸福为新闻工作的宗旨，积极投身新闻扶贫事业，积极开展扶贫脱贫调研，进行扶贫脱贫新闻记录与报道，为决战决胜脱贫攻坚贡献力量。

在这样的背景下，我带领团队完成了2018年《探路：产业扶贫十八洞村思考》的调研和写作任务后，2020年我和团队开始谋划《摘帽：苗家贡米助力脱贫的路径选择》的调研与写作工作。我带领来自中央财经大学、北京师范大学、湖南工业大学等高校的大学生再次来到了湘西花垣县，他们分别是柯些妮、方德能、范柳、徐奕涵、付羿雨、谭莎利。调研团队以步步高集团的产业扶贫项目——岩锣米厂建设及其稻谷采购体系建构为主线，分析步步高集团是如何积极响应党的号召，通过产业扶贫的方式帮助湘西的贫困村实现脱贫摘帽的。同时，通过对大米生产加工的深度挖掘，分享湘西苗家贡米的品牌故事和品牌延伸价值，从而进一步说明精准扶贫政策的意义。其中，重点对岩锣村的脱贫摘帽情况进行深度调研，并以一个村为标杆，多层面、多角度展示扶贫脱困成果。

花垣县是革命老区县、国家扶贫开发工作重点县。它有10万年前古人类活动遗址、乾嘉苗民起义古战场遗址、沈从文笔下的边城茶峒等人文景观，也有大小龙洞瀑布群、边城茶峒风景区、古苗河蚩尤风景区等自然风光。花垣还是古朴神秘的“百里苗乡”，苗语文、苗画、苗族生成哲学等苗族文化古朴神秘，是苗族巴岱艺术之乡、唢呐艺术之乡、苗山歌之乡、“中国民间文化艺术之乡”、“中国苗绣织锦艺术之乡”、“全国蚩尤文化研究基地”。花垣先后被评为“全国最具投资潜力中小城市百强”“全国最具区域带动力中小城市百强”“湖南省县域经济强县”。2019年2月2日，被国家中医药管理局评为“县级全国基层中医药工作先进单位”。2017年，花垣县实现生产总值超过6.8亿元；2020年2月29日，湖南省人民政府同意花垣县退出贫困县行列。

2013年以前，也就是精准扶贫政策照耀在花垣的土地上之前，贫穷是这里的常态。不少影视作品都对湘西人民的生活进行过描绘，但现实带来的震撼远比光影画面要大得多。或许生活在水泥森林里的城市人无法想象这样的场景：面朝黄土背朝天的农民一生劳碌，换来的只是能够充饥的口粮，以及饱受沧桑的皮肤和越发弯曲的身体。山高路远，交通闭塞，人们既无法得到保证营养的各类食物，也无法获得让人博文强识的教育。这样的生活状态，曾在花垣县广泛存在，但让外人无比欣慰的是，无数的岁月变迁，即使改变了在这片土地上居住的人们的一张张面孔，却未能改变生活在这片土地上的人们的一腔热忱，以及他们对村落屋舍、黑土稻田的热爱，对文明历史的无限创造力。无论是弯下脊梁、投身田地，还是与人交往、置身文明，这里的人们都不忘观察自己生活的世界。

驱车六小时，从长沙市到花垣县，从繁华都市到静谧山村，经历的变化包括但不限于山川的味道、树木的味道、雨水的味道和时间的味道。汽车穿过盘旋在崇山之中的小路，终于找到了隐藏在山谷内的村落——花垣县岩锣村。运气好的话，能体验到从雨季中偷来的好天气，热烈的阳光和厚实的雨水像约好了般同时“罢工”，凉爽的山谷风带来森林深处充满植物清香的空气。奔驰的汽车缓缓停下，我们的双脚接触到厚实的地面，人才感到踏实，此前的旅途仿佛都行走在树砌石堆的大自然鬼斧神工的托举之中。

我们一下车，岩锣村米厂的黄狗便“迎”了上来，与人互动。对于长久生活在水泥森林中的城市人来说，已经不知多久没有见过在乡野田地中生长的动物对自己的欢迎。这黄狗虽瘦，却看着苍劲，且难得地与人有着眼神交流，让人不由得将它当作有灵性之物看待。那黄狗也确实如亲人般，人手一招，便走上前来；人手一放，便低下头来，任人抚摸头部；人群一退，便叼起地上一根柴来，左右晃动着脑袋，似是在招你与它嬉耍。在中国人的观念里，“柴”与“财”音近，黄狗的叼柴行为，好似是对调研团队再次来到花垣的欢迎，也好似是对岩锣米厂的未来寄予着美好的祝愿。一只黄狗，温顺友善，谦恭诚训，足以让离别花垣一年有余的我们感受到以礼待宾客般的“欢迎仪式”，这份温暖才下指尖，又上心间，让人几乎分不清，这是一只狗还是一个人在对我们微笑示意。

站在岩锣村村委的二楼，向四周望去，只能见到将成片的民居

图1　花垣县岩锣村米厂内的黄狗叼柴迎人

夹在谷里的群山。村委旁的柏油路上，时不时走过嬉闹的孩子，用竹椅背着婴儿的母亲，或者负着农具下地的夫妻。看不清人脸上的表情，只能看见隽秀的带着花纹的苗族服饰，缓缓前行的脚步，隐隐约约听见时而回荡在耳边的苗歌。

伴着苗歌，我们又来到了花垣县子腊村村部，一只黄狗又一次吸引了我们的目光，虽都是家养的田园犬，但与岩锣村米厂里叼柴的那只不同，这只黄狗的走路姿势稍稍有些颠簸、怪异，等到它一回头，方知这只狗只有三条腿，不禁让人顿生怜悯之心。

来花垣的第一天，巧遇两只温驯的黄狗，脑海里突然涌出彭建明先生的小说《那山　那人　那狗》的意境。动物如人，甚通人性。子腊村这一瘸一拐跟在主人后面的黄狗，时而脚步匆匆，时而停歇瞩目。虽然我们无从知晓这只黄狗经历了怎样的劫难和困苦，但我们能感受到，这只黄狗和劳碌的主人一样，无论脚步或快或慢，总是乐观前进，总是在负重前行。是啊，不管你是否愿意，生活和时代总在催人前进。

图 2　花垣县子腊村村部前的一只瘸腿的黄狗

又见花垣，又见花垣。这是我第三次率团队来花垣县调研，这又是一次与湘西人最美的团聚，也是一次百感交集的会面。

一方水土养一方人。湘西人总是把自己的情绪和情感藏在心中，而把对生活的感受化为待人接物的方式，氤氲在空气中，在山水之间。山水依旧，日月变化，风貌和人世在不断变化，但不变的是湘西人的勤劳、奋斗、追求、淳朴、善良和热情。花垣对我们的感情，我们对花垣的感情，就这样顺着两只富有灵性的黄狗，又一次逐渐变得清晰起来。

谭云明

目录
CONTENTS

第三篇　大米催生的摘帽工程

第四篇　子腊贡米：农业文化遗产

第五篇　夜郎坪：高山大米之乡

第六篇　米厂的引擎效应

摘帽：苗家贡米助力脱贫的路径选择

第一篇 花垣的土地上究竟还藏着啥秘密

一、岩锣村神奇的响石

“湘西”原本就是神秘世界的代名词，她洋溢着未知的绚丽。她之所以颇为神秘，不仅因为其本来的盛名，更因为这里独特的文化千年流淌，秀美的山河璀璨如星。湘西土家族苗族自治州中有“一脚踏三省”之称的花垣县，自然也流淌着许多瑰丽的传说等待着人们挖掘。

花垣县素有“百里苗乡”的美誉，沈从文笔下的边城茶峒，十八洞的金马传说，以及金龙苗寨等都有着引人遐思、诱人探索的奇妙故事。2020 年，来自首都等地高校的调研队走进花垣县东南部的岩锣村，逐渐揭开了它神秘的面纱，为大家展现出一个充满苗族文化底蕴的社会主义新农村。

站在岩锣村村口向里眺望，村子三面环山，山界与村落浑然一体，就像是芳草鲜美、落英缤纷的世外桃源，宁静而秀美。踏进村落，仿佛置身于一幅秀美的山水画卷之中，周遭的一切无不诉说着这里的清澈与纯净。站在岩锣村里向外探首，苍穹与山体接壤，水蓝的天空如纸般明晰透亮，鲜绿的山体巍峨地守卫着一方水土，空中不时飘过的云朵如蚕丝般柔软细腻，慢慢地飘着，轻轻地浮着，仿佛是青山与蓝天在呢喃絮语。炊烟袅袅，溪水潺潺，岩锣村安静地躺在这里，如一方落入山林的瑰宝，与山为伴，与天为邻。

图1-1　2020年7月19日午后采访途中拍摄的岩锣村一角

岩锣村是湘西土家族苗族自治州花垣县双龙镇下辖的行政村，坐落在花垣县排碧乡的东南部，与319国道相距2公里，向北与董马库乡相邻，东面与排料乡交界，西行与排碧乡接壤，南通吉首市矮寨镇。全村占地面积7平方公里，下辖9个村民小组，共238户1078人，全村背靠大山，环田而居，苗族风情浓厚，乡土气息浓郁。在花垣县，岩锣村是一个在十里八乡都很出名的苗寨，从吉茶高速向花垣县方向行驶几公里后就能看到岩锣村，这也是进入花垣县境内的第一个苗寨。全村西瓜种植地广泛并定期举办西瓜节，因此每年都有不少游客慕名而来。因为地处排碧乡东南部，大自然用鬼斧神工为岩锣村造就了声音洪亮的岩锣，也使这里流传着许多传奇的故事。

山林环绕的地方，有一座巍峨耸立的大山，名为锣岩山，而究其名字的由来，大抵是因为山林里有块敲起来叮当作响的奇石，这里的岩锣村也因此得名。村里自古居住着以石姓为主的苗族人民。在这里，从岩到山，从锣到寨，从村到人的名字都离不开“岩锣”两字。因此，关于岩锣村的传说，就要从这石头说起。

因自然环境、地理位置特殊，苗族人民从古至今都过着远离世俗的生活，他们有着自己的语言，在广袤的山林里，繁衍生息，战天斗地，努力创造了适合自己生存发展的生活方式。苗族同胞在与自然和人的相处中塑造出了诸多可歌可泣的英雄神话，淬炼出了百折不挠的苗族精神，也书写了灿烂辉煌的独属于自己的历史绘卷与文化诗篇。古人说："崇山苗人善唱歌，因为他们住在高山坡，太阳出山先得照，鸟语鸟音听得多。"崇山峻岭是他们的舞台，山石林木是他们的观众，他们在这片广袤的山林间尽情歌唱自己的心情。在金乌初升的清晨，在玉壶高挂的傍晚，在辛勤耕耘的田间，在怡然小憩的林间，都能听到他们或独唱或合唱的苗语苗歌，其中流传较广的歌谣，不仅表现了他们的日常生活，还歌唱了苗族的历史传说：

崇山锣岩岩有声，声震崇山千里云。
洪钟一声宇中雷，迎来青山龙凤吟。
余音不觉传万代，音流楚黔颂英魂。
锣声藏在深山中，锣声呼风唤雨行。
三保苗王大反镇，贵银击锣抗清廷。
一声锣响金光闪，秋风落叶扫清兵。
坚持抗清十二载，精忠传奇到如今。
怀念先烈把歌唱，后人高歌为忠魂。

在这首歌谣里，苗族人民将锣岩山名字的由来和岩锣石的传说蕴含其中，高歌颂扬了先烈英魂。

图 1－2　俯瞰岩锣村全貌

锣岩山脚诞岩锣

群山中最高耸的锣岩山脚下，天然形成了一块由阿公山、向阳山、龙须山环抱着的小盆地。此盆地在锣岩山脚、阿公山腰，由龙须山和向阳山的东坡环环围绕，这里一直居住着两三百户的苗家人，形成了岩锣寨。据传这里的人是古代驩兜王的后代，被随迁流放而来到崇山，因此村子里的姓氏以石姓为主。在这里，苗族人民以阿公山、铜锣山和龙须山各自汇集出的清泉水为生，通过双手的辛勤耕耘和经年累月的坚持，开垦出了自己的田地，将本不宽广的盆地开掘成井然有序的稻田，在坡间修建出鳞次栉比的梯田，建立起了十里八乡远近闻名的苗寨。

岩锣村得名于锣岩山，主要是由于锣岩山腰的石林中，天然存在着三块拔地而起的岩石柱，这三根柱子彼此相距三丈远，呈一个“品”字形，耸然挺立。随手拿起一块石头敲击岩石柱，人们便能听到“当当"的锣声，声音响亮，传彻四方，因此当地人将此地称为"仁柔金"，汉语翻译为"锣岩山"。这三根青石岩柱有棱有角，巍峨而立，实体壮心立于山中而经年不倒，别有韵味，颇为壮观。其中最高耸的一根高达数十丈，直抵云霄，而这些林石也并非孤单立足山林，其周围奇石林立，石面光滑，阳光洒下来，金色的光芒染透石面，波光闪耀，如梦如痴，好不夺目。因为景色奇特，在这个岩石柱的下半部分可见多处古今游人敲击的痕迹，这也算是用林石记录了锣岩山的历史渊源与苗族人民的生活轨迹。周围的土坪上还有两根姿势奇特的岩柱，这两根岩柱高矮不等，分别有三五丈高，形似姐妹遥相站立，从远处驻足望去，可以看到其犹如两名飒爽英姿的巾帼傲然挺立于林间，向北眺望，形如守家卫国的战士，时刻坚守山林，恪尽职守。

悠悠长河，时光流逝，大自然通过它的鬼斧神工赋予了人们响石山林，这里也经历了人类社会的风雨飘摇，但她依然风姿犹存，英魂不倒，响声如故。那一声声如洪钟作响般的"当当"声，时刻敲响人们心中的战鼓，为苗族人民带去了奋进的鼓舞，前进的激励，以及对美好生活的向往追求和坚信未来一定会更好的必胜信心。声如雷鼓骤起，命似奔腾不息，一阵阵响声勾勒出一幅幅苗族人民奋发向上的美好画卷。

三根天柱震天地

虽然锣岩山上岩柱形成的原因暂时还没有来自现代科学家的精确结论，但这锣岩下的传说故事以其神奇多彩的场景和引人入胜的情节传入千家万户。有传说讲到，在远古时代，炎黄联合部落与蚩尤部落在涿鹿进行的一场大战中，炎黄联合部落获得了胜利，而蚩尤部落辗转败退到南方。于是，黄帝部落在向东扩张中，与炎帝部落展开了阪泉之战，并且取得了胜利，黄帝因而统一了华夏民族。在黄帝死后，其孙颛顼继承帝位。可颛顼在位期间，不仅实行暴政，还蛮横地将太阳、月亮绑在北方上空，这样的强横之举，导致有的地方永远光芒万丈，而有的地方却永远伸手不见五指，人民的生活苦不堪言。哪里有压迫，哪里就有反抗，被压迫的苗族人民在经历严酷的压迫之后，积攒了强烈的不满，而此时身为炎帝的后人，苗族人民的首领共工成为带领大家反抗强权的领袖。他暗地集结着心怀不满的天神和同受压迫的苗族人民，自己担当首领，带领着炎帝和蚩尤残败的部民向颛顼发起进攻，意欲推翻他的统治，建立自己的政权。

这场战争参战者众多，作战时间长，从南边打到东边，又从东边向西边进发，一直打到西北边一座名为“仁不周”（苗语——不周山）的山脚下，由于不周山突兀耸立挡住了去路，双方就在此地鏖战三百回合，难分伯仲。“仁不周”山体奇绝突兀，正如三根通天直上的柱子支撑苍穹，山上也没有葱翠密林，只有层层堆叠的峥嵘碎石，据说这就是苗族人民祖先立下的开天柱，是支撑广袤无际的天空的必要依靠。正当双方争斗难分高下时，共工火冒三丈，发出绝望的一声怒吼，直接向“仁不周”撞去，只听得“轰隆隆”响彻天地，三根天柱应声而塌，山体横倒向下，山根徒留西北，山尖落向武陵崇山。

天柱经此横身而断，整个“地斗地那”（苗语——宇宙）随之发生了翻天覆地的变化：西北的天穹因缺少支撑而向下倾斜，使得原先被拴在北方头顶的太阳、月亮等无法保持在原有位置，不可避免地挣脱出来，向低斜的西方滑去，这样就形成了今天的东升西落、斗转星移，从而为苗族人民解决了白天永远光明、黑夜永远看不见的窘迫。东西大地也因为这场山崩地裂陷下一个深坑，而大川小河向其汇流，形成了现在的湖泊江海，而东南大地塌陷形成了现在所见到的西北高、东南低的地势地貌。

这场大战至此将盘古时代的平静打破，宇宙万物被重新改观。也正因为战争的破坏性极大，共工在发现天柱被折断、生灵涂炭后，决定去疏导水流将功补过。很多年后，治水有功的共工被苗族人民尊称为“龙王”。现在崇山苗族人民“接龙”就是祭奠共工的灵魂，苗民会在堂屋中间挖下“安龙穴”，再供奉一碗朱砂酒，意图让共工的灵魂安然住在那里，保佑子孙后代人丁兴旺、祖祖辈辈安康吉乐。

而经过若干年的时光流逝，大自然变迁更迭，江河风雨冲刷，昔日共工折断的落在崇山的山尖尖破土而生，形成了锣岩山上的三根岩柱，也因为共工作战时用的那面巨大无比的战锣被压在锣岩山下，所以现在人们敲击那岩柱，就会震动到地下的共工战鼓，于是人们就能听到传彻千里“当当当”的响声。这就是当地民间流传的锣岩秘史的一部分。

英魂壮举留人间

清朝雍正年间，雍正帝听从建议，决定在云南、江西、广西、四川、湖北、湖南等少数民族聚居地实行改土归流政策，而在湘西苗疆则通过武力开辟，重新设置凤凰、乾州、永绥三厅，用以巩固统治。但在改土归流推行过程中，存在着野蛮征服和杀戮，在新政实施后，清政府又横征暴敛，这使得苗族人民苦不堪言。在民族关系上，清政府奉行民族压迫和民族歧视政策，还与地主、高利贷者联合，利用各种手段强征苗民土地。

在历史的长河中，苗族人民长期被中原政权压制，并没有自己的话语权，长期积累下的新仇旧恨，燃起了苗族人民起义的决心。于是，在乾隆六十年（1795 年）正月，湘西爆发了乾嘉苗民起义。清政府任命福康安与和珅为正副统帅，率领云、贵、川、两广、两湖的士兵及地方武装部队，共计 15 万人镇压起义。虽然起义军英勇反抗，但是经历两年激烈战斗后，这次起义还是被镇压了，其中起义首领石三保、石柳邓、吴八月等勇猛就义。尽管起义高潮结束了，但起义的余震依然在继续，嘉庆七年（1802 年）爆发永绥厅龙六生起义，嘉庆十一年（1806 年）爆发永绥厅石贵银起义。虽然清廷最终平息了战火，但是乾嘉苗民起义加速了清政府的腐朽和其灭亡的进程，被后世称为清朝的中衰之战。

在这 12 年的起义进程中，涌现了很多英勇无畏、可歌可泣的首领将士，他们英姿飒爽的身姿和身先士卒的精神，为后人树立了学习的榜样，成为流芳百世的永恒楷模。其中岩锣村中就出了一名英雄将领石贵银，他的故事从岩锣村里到村外被口口相传、代代歌颂。

石贵银出生于花垣苗乡岩锣寨，因为家庭贫苦，他从小跟随父母上山砍柴，放牛放羊，但这些都没有磨灭他好学、勤劳、勤思考的好品质。空闲时间他跟随祖父，听祖父谈古论今，得知了很多苗族古时遭受欺压和被迫反抗的故事，他幼小的心灵中滋生了反抗暴政、争取自由的理念。据传，石贵银在十一二岁时，由于揭露了驻守岩锣的田里正（相当于如今的乡长）偷牌造假，被田里正活埋，当夜被乡亲们救出之后，逃亡他乡拜师学艺。石贵银逃往素有“武术之乡”的补毫苗寨寻师学艺，学文学武八九年，小贵银已成为文韬武略的武术高手，并结交了永绥、保靖、乾州一带的很多名人武师，社会知识也大为增长，这都为他日后带领苗民起义打下了学识基础和群众基础。后来，他回到家乡，痛打仗势欺人的衙署里，并开办岩锣学堂，吸引了一批批岩锣及周边苗寨的青年来学习，为起义积累了大批骨干力量。

乾隆六十年（1795 年）正月初四，石贵银参加了在黄瓜寨石三保家召开的决定苗民起义的第一次联盟会议，会上被苗王石三保任命为永绥起义军东路军首领。随后他以“闹元宵”和“接龙”“送龙”为掩护，集结东路将领，邀请保靖、乾州边境苗区起义头领，传达起义意图和行动方案，策划起义反清。正月十八日晚，石贵银得到了上级关于起义提前举行的通知，并辗转向各方势力发布，起义军于正月十九日斩木揭竿，石贵银领兵率先占领了岩锣寨和总兵营，并逐个击破了周围的清军营地，并将其武装力量收入囊中。正月二十一日，石贵银率领苗民、苗兵近百人，将永绥厅城附近的兰草坪团团包围，迫使其改弦更张，并于二十二日赶到西南部夯尚坡，与苗王合力围堵镇竿镇总兵明安图，全歼清军总兵及士卒一千四百余人，这象征着此次苗民起义军的首战告捷。石贵银在这次作战中展现的英勇行为和智谋才华得到了苗王的高度赞赏和器重，随之被苗王任命为永绥苗民起义军总领，跟随苗王征战湘、黔、川边两年之久，为乾嘉苗民起义做出了卓越的贡献。

随着乾嘉苗民起义被镇压，石贵银隐姓埋名积蓄能量，等待下一次机会的到来。嘉庆九年（1804 年）冬，石贵银、石宗四经协商后以挖出“天赐神炮”为号召，集结数十个苗寨上千人再次揭竿起义，举行“反清抗屯”起义，这次起义被后世誉为“乾嘉苗民起义的继续”。直至生命最后一刻，石贵银还在和苗民兄弟一起为保卫家乡而努力。为保卫岩锣，他们英勇就义，用自己的鲜血书尽追求自由的壮丽诗篇。

作为乾嘉苗民起义的将领，石贵银经历了起义的整个阶段，从起始到高潮再到被镇压，他的英勇事迹也代表了那个时代苗族人民对生存和自由的渴求与追逐。这场起义是苗族人民反对封建统治剥削和压迫，为争取政治、经济和民族平等而进行的艰苦卓绝的斗争。虽然这次起义的结果是失败的，但是它在历史上是成功的，它推动了衰落势力的灭亡，展现了苗族人民的勇往直前、奋斗不息，鼓舞了苗族人民对美好生活的热烈向往与不懈追求。苗族是中华民族大家庭中缺一不可的成员，亦是民族文化的历史瑰宝。它就像是湛蓝的夜幕中那缕璀璨的星光，指引着我们在探寻苗族文化与历史的过程中，将这枚瑰丽的宝石传承、留存，并像苗族英魂一样不卑不亢、自强不息、顽强奋斗，为民族团结和振兴贡献自己的绵薄之力。

留存有响石的岩锣村注定将有不平凡的发展历程。近年来，在组织的关怀和村民的努力奋斗之下，原先的深度贫困村现在也已摘帽，顺利脱贫出列。这里的人民仍保留有先祖自强不息、艰苦奋斗的向上精神，未曾改变，亦永不湮灭。我们相信，这种生生不息、百折不摧、磨而不磷的精神内核，一定能带领岩锣村走向更加美好的未来。

二、村口樟树下的话聊

当我们调研队员打车刚刚进入岩锣村的时候，正好下起了晨雨，如烟的薄雾从村周边的山头上弥漫开来，笼罩着藏于这深山中的苗寨。我们慌慌张张地撑起雨伞，踏过地上的小水坑，飞跃时溅起的雨水打湿了鞋袜。

清晨雨中的苗寨显得格外“安静”，除了淅淅沥沥的雨水声，很少能感受到有“动”的或“活”的人和物。好不容易发现了早起的小卖部开了张，年迈的苗族奶奶正抱着可爱的小孙子坐在门口，向我们这些淌着雨水的异乡来客，投以好奇的目光。

雨，越来越大，一簇簇雨水转瞬间倾泻而下，时间已至八点。我们电话联系好驻村干部后，便在村部的村民服务中心避雨等候。聊天中得知花垣县委书记将陪同湖南省委组织部领导来岩锣村做例行考察调研工作，因为岩锣村一直就是湖南省委组织部的扶贫点。这真是难得的机会，我们便央求村部的协调员看能否协调安排一下，让我们跟着省委组织部领导一起到农户家里去看看。正在这时，一个身穿雨衣的年轻身影冲进了屋子，他挥了挥手，朝我们笑道：“你们可以和我们一起去入户调研了！”我们惊喜地对视一眼，收拾东西立刻跟了上去。

图 1-3　岩锣村村部楼

招呼我们可以跟省委组织部领导一起入户调研的年轻小哥，正是今年由省委组织部派来岩锣村指导扶贫的新队员，他姓周，来村寨扶贫刚刚三个月。我们从伞沿密布的雨帘下抬起头听他讲话，他的眼睛很亮，在昏暗的天色下透出一种温和的光，看起来亲切而又笃定；他穿着一件深蓝色的雨衣，衣角破了一个小洞，雨水在他的雨衣里荡来荡去。

扶贫队员周哥领着我们，很快就跟上了省委组织部来岩锣村开展例行考察调研的队伍，他们穿着拖鞋，在布满雨水的石板路上走得飞快，我们只好提着裤脚，小心翼翼地顺着石阶而上，生怕跟丢了。

岩锣村的房屋大多是传统的木制架构，偶然有几座崭新的砖房凸于其中，雨打芭蕉的声音，在宁静的苗寨里格外清晰。我们穿过羊肠小道来到了第一户人家，尚未进门，便嗅到了古老的木制房里于风雨之后的一股潮湿气息，用来支撑房顶的木柱和石砌的地板，因为时间太久而留下乌黑的痕迹。进屋之前，我们看了看木板墙上的扶贫登记表，上面写着这家主人的名字“石志兵”。这正巧是我们第一天上午参观岩锣村大米加工厂时遇到的工人石师傅的家。许是他今天去了厂里上班，家里只剩下他年迈的母亲和敦实的妻子。我们搬来小木墩，听县委书记和石志兵母亲交谈，石母从自己最近身体好转说到在大米加工厂上班的大儿子的收入情况，她说大儿子每个月不但有两千元的固定工资保障，工厂还给了上了五险一金。石母在不断点赞好的扶贫政策之际，还聊起了在外打工的二儿子和在镇上读书的孙子，家长里短的言语之间，流露着平淡的温情和浓浓的满足感。他们在柴米油盐中书写的平淡而不平凡的生活，或许是很多人家心之向往的状态。

我们后来又跟着走访了两户人家，听着他们与领导们敞开心扉，讲起这些年扶贫、脱贫的故事和变化，深感其中既有幸福，也有无奈之处。这时陪着我们的周哥在一旁感叹道：月有阴晴圆缺，生活哪有样样圆满的呢？美好的生活总是通过不断努力奋斗，一步一步得以实现的。我们问起这几个月来苗寨扶贫的感受，他先是愣了一下，随后便道：扶贫工作，重在不忘初心、问心无愧。

从最后一户人家出门，外面的雨渐渐地停了，天上的乌云也散了，透出太阳温润的光泽，山间的风刮来阵阵清新的草木香气。我们漫步在村寨小路，看着村里炊烟袅袅升起，田地里瓜藤吸饱了雨水，懒洋洋地垂在地上，村里的儿童跑出家门，在雨后的山路上踩着水玩耍，此情此景真是应了辛弃疾《浣溪沙·常山道中即事》中的那句诗——“忽有微凉何处雨，更无留影霎时云。卖瓜声过竹边村”。

结束了入户走访，我们便向周哥道了别，随后与刚入户时认识的一个苗族姑娘萱萱一起聊村寨的故事。萱萱告诉我们，岩锣村口的那棵大樟树下，有个小小凉棚，那里不仅是村民们乘凉休憩的好去处，也是村中各类大小信息和舆论的汇集地。村民们在这里谈天说地，畅所欲言，上到国家大事，下达民生百态，国家政策、家庭收支、娱乐八卦、家长里短，在这里，只有你想不到的，没有你听不到的话题。就连扶贫队的队员都说："我们扶贫队在楼上开完了大会，村民们就要在樟树下开小会了，别看这儿小，村里的信息可互通着呢。"

未及凉棚，我们便看见了那棵巨大的樟树，它生在山坳岩石旁，原本不易成活，也许这樟树舍不得这分外纯朴的村落，便在这里年复一年坚韧地扎根下来。正值生机勃勃的夏日，这棵巨大的樟树顶着满头鲜绿色的树叶，在凉风中抖掉刚刚落满的雨珠，站在树底下往上望去，数不清的枝丫横生，茂密而繁盛；粗壮的树干足足要两人合抱才够，从远处看，它就像是一把结实的太阳伞，为石板路映照出一片绿色的顶空。萱萱说，她的爸爸小时候就曾和小伙伴们爬上这棵樟树看未出生的小鸟，在樟树底下吃着两毛钱一根的冰棍。细细想来，岁月不居，时光流淌，这四季常青的树木不知为多少人提供了一片阴凉啊。它就这样在村子里静静地矗立着，穿越历史的烟尘，用高大的树冠在风雨中撑起一代代村民记忆里的匆匆流年。

我们刚刚走进凉棚，便听见了一串笑声，许是刚下过雨，村民们都在凉棚底下，嗑着瓜子，赏着残雨。因大雨而没能去做临时工的一位中年男人，正躺在吊床上，跷着脚，晃来晃去。身穿苗族服饰的老人，颤颤巍巍地坐下，拿出香烟深深地吸了一口。小卖部的年轻夫妇，轻轻地摇晃着婴儿床，幼小的婴孩在花床中酣睡。稍大一点的小孩，正值暑假期间，便坐在一旁的木椅上，编着花环唱着儿歌。每个人的脸上都笑意盈盈的，村子里的一切都流露着恬淡与悠然，让人不禁想起明代诗人方向在《咏儋耳二首》里的诗句："村南村北布谷忙，村前村后稻花香。"

正在此时，一位身穿藏青色苗服、拿着烟斗的大叔主动和我们攀谈起来，他笑问我们这群异乡游客从哪里来。我们回答从首都北京来，想来这里做一些村庄调研。大叔仰首三拍掌，大声说："首都好，首都好啊！"说着便跟我们讲起他六十三岁生日时到北京的故事，又说起小时候父辈口中的国家领袖和抗战元帅，我们都被大叔活灵活现的演绎感染了。他的眼里闪烁着喜悦与怀念的光芒，而他讲述的内容又好像就发生在昨天。虽正身处崇山峻岭之中，却仿佛真的可以遥遥望见天安门广场上威武的天安门城楼，回到20世纪初拼死奋战、生死毋论的战场。虽时隔数十载光阴，那段不可湮灭的历史却依旧历历在目。

我们请教大叔，可否向我们讲述一些村庄的情况，以便我们能够更好地了解这里，探寻这个深山里的村庄脱贫致富、村民一片安乐祥和的奥秘。大叔抽着烟，在一片烟雾缭绕中哑着嗓子说："那我帮你们介绍个人吧，他应该什么都知道。"我们和老师对视一眼，一种即将窥探到村庄秘辛的激动与欣喜骤然间涌上心头。

过了大约一小时，只见远处走过来一个颤颤巍巍的老者，他穿着一套墨蓝色的苗服，上面绣了一只姜黄色的云雀，站在一根截断了的枝干上，仿佛要放声歌唱；头上缠了一圈头巾，手里拄着一根木头拐杖，看起来就是一位年事已高的苗族老人。他向着凉棚走来，大叔赶忙前去扶他，待他走近，我们看到这位老人的脸上已经沟壑纵横，他的眼睛细长，嘴唇薄薄的，拉成一条直线，岁月虽不曾眷恋于他，在他的身上留下了刀刻般的痕迹，却给了他时间洗涤过的安宁与沉静。大叔向我们介绍说："这可是咱们村里最高寿的老人家了，姓龙，村子里大大小小的事他都知晓，你们有啥想了解的，问他就行了。"

我们向龙爷爷询问了从他记事起村庄的一些情况，他用手缓缓地捋了捋衣襟，开口说道，在他的记忆里，岩锣村就是一个封闭的村落，外人进不来，里面的人也出不去，苗寨的子孙从千里外的地方翻过了一座大公山，便在这里安定了下来，族人们在这里自给自足，繁衍生息，虽不富裕，却也算得上幸福安乐。他忆起年轻时和父辈一起盖过的木屋，山上的大树被砍倒，带出阵阵芬芳的泥土气息，他们把木头扛回家，几

图1-4　采访岩锣村老者龙爷爷（右二）

个月就盖成了通风向阳的大房子。房屋前面被他们圈起来养鸭养鸡，房屋后面是田地，种上了他们世代耕种的西瓜。每到春日，山野间就会开满野花，将斑斓的色彩铺遍山坡，他和同伴们常常上山摘玉米，采下一捧白色的花，送给隔壁心爱的姑娘。他们就这样在这片土地上生活，淡泊宁静，远离世俗纷扰，恰如陶渊明的诗句所云："开荒南野际，守拙归园田，方宅十余亩，草屋八九间。"

只是深山不比平原，它所能给予人们的资源本就有限，长此以往，山间水源枯竭，可用的田地面积大大缩减，村民们只好寻找新的水源。好不容易找寻到一处山泉，最终却因为喝了之后人们的身体不舒服而作罢，只能用来浇灌食物。而这个谜题也是许多年后，湖南省工业局来到这里后才解开的，原来是山里的水富含硒元素，虽然十分有利于农作物的生长，却并不适合人体直接饮用。不过当时的人们并不知晓这个答案，只是日复一日年复一年地寻找着可用的水源，开始了省吃俭用的生活，本就不富裕的山村更是雪上加霜。

20 世纪七八十年代，国家开始改革开放，山里的人们也沐浴到了改革的春风，他们开始学着向山外卖出自己种的西瓜，同时从山外带回物资和干净的饮用水。男人们开始外出打工，去往远方只存在于想象中的大城市，把足够的钱财邮寄回家；女人们在家里耕织，照顾老人和小孩。村子的生活一天比一天好，砖房盖起来了，小学建起来了，苗寨的姑娘又开始载歌载舞，坐在屋子前，为远方的情郎再次唱响了一支又一支苗歌。

2013 年，习近平总书记来到湖南省花垣县十八洞村考察，在切实了解了贫困村的情况后，提出了“精准扶贫”的独特构想，指出针对不同贫困区域环境和不同贫困农户状况，需要运用科学有效的程序，对扶贫对象实施精确识别、精确帮扶、精确管理的治贫方式，通俗来说就是，谁贫困就扶持谁。凑巧的是，习近平总书记去的十八洞村和岩锣村可以算得上是姊妹村，两村之间相隔不远，只是十八洞村的位置更靠近大山内部。于是，我们询问龙爷爷，那当时习近平总书记是否来过岩锣村呢，他们当时知道习近平总书记到十八洞村的消息吗？

龙爷爷突然愣了一下，然后向旁边的大叔要了根烟，拿在手心却没抽，只是眯起眼睛，回忆似地看着地面，告诉我们：“据说习总书记当年也想来我们村的哩。”听龙爷爷这么一说，顿然间，我们面面相觑。因为自 2013 年“精准扶贫”思想提出以后，世人皆知十八洞村，但岩锣村无人知晓。原来习总书记当年竟然也曾有来此考察的想法，但这里最后错失了总书记来考察的机缘，两个相邻的苗家村寨，却呈现了完全不一样的发展格局，岩锣村的百姓岂不十分“眼红”？

“不过，省里打前站来考察的领导，来到岩锣村后不久就离开啦！”龙爷爷哆嗦着，嘴唇短暂地抽了一口烟，“我们也只是听说，当年省里的领导本来是定了我们村作为习总书记考察对象的，但后来不知道是什么原因就放弃了，选择了隔壁的十八洞村作为习总书记扶贫考察对象了。”说着，龙爷爷叹口气，笑了笑，“其实，选择十八洞村也是对的，当时他们比起咱们，还要更落后一些哩，他们住在大山的最深处，我去他们那儿送西瓜的时候，出入村庄都得花上半天时间，下午送过去，回来的时候月亮都出来啦。比起他们，我们村好歹还有水有电，好几户人家家里有人打工，寄钱回来后都盖了漂亮的砖房，村里的西瓜卖得好，年年的收入也不错，小孩也有免费的学上。我们都懂的，扶贫嘛，当然是要先帮扶最贫困的村庄，我们这种嘛，先靠着自己努力吧。”

听了龙爷爷的讲述，我们一时间唏嘘不已。如今看着眼前幸福美好的山村，我们难以想象，当年那个落后贫困的村子，是怀揣着怎样的一种期盼，期待着习近平总书记的到来，并非要渴求国家能够从经济上给予大力帮扶，其实更多的则是对美好生活的一种向往。只可惜，习近平总书记并未在此停留，而是出于战略决策的考量，优先选择了隔壁更为贫困的十八洞村。对此，岩锣村的村民们并未心怀不满，他们选择了理解、体谅和自强。他们告诉自己，现有的日子已经很幸福了，该知足了，还有许许多多比他们更贫困的人等待国家去帮扶，他们不能为了一己私欲就去抱怨。同时，他们也开始自主学习国家的扶贫政策，希望能靠自己的双手创建一片美好家园。在这个过程里，长久存留在村民们心中的“等、靠、要”思想开始逐渐消退，取而代之的是自强不息、独立奋斗的思想观念，在村民心中逐渐萌发、生长。

自那以后，村庄里的人们好像被打了鸡血似的，开始寻找各种谋求生存与发展的机会。年轻的男子不远千里，奔赴异乡务工；身体康健的老人选择去做一些零碎的工作；中年人扛起锄头进了山，种出一片又一片嫩绿浑圆的瓜果；妇女们在家中织布绣花，一件件苗服印上了丰富多彩的图案；孩子们开始懂得认真学习的道理，每天清晨去学校背书。原来意志消沉的山村开始焕发出新的生机，为这片广袤的土地注入了亘古长青的活力。

“绿遍山原白满川，子规声里雨如烟。乡村四月闲人少，才了蚕桑又插田。”宋代翁卷的这一诗篇仿佛描绘的不是当年江南农村的风景（今浙江乐清市淡溪镇），恰恰是为岩锣村量身定制一般。忙碌的岩锣村开始律动起来了，就像村口那棵挺拔的樟树，从险峻的深山中探出头来，沐浴着天空的阳光。

不甘于命运，不归于平凡。一代又一代苗族人民怀揣着自强与奋斗的赤子之心，用拼搏谱写出属于整个村落的华章。他们在迷雾与阴霾中向阳生长，永远年轻，永远热泪盈眶。

三、组织部派来扶贫队

40 多年来，改革开放的春风吹拂着华夏大地，让数亿中国人甩掉了贫困的帽子。但我国的扶贫之路仍然任重而道远，饥饿、寒冷、穷苦的阴云仍然笼罩在一些我们未曾窥见的角落上空。要想真正实现全面小康社会，就必须高度重视扶贫工作，“啃硬骨头，攻坚拔寨”“对症下药，药到病除”。

2013 年 11 月，习近平总书记来到湘西花垣县十八洞村考察的时候，首次提出了“精准扶贫”。此后，这一思想不断完善，扶贫工作的内容逐渐丰富，可操作性也越来越强。2015 年 1 月，习近平总书记到云南考察时指出，扶贫开发是我国第一个百年奋斗目标的重点工作，是最艰巨的任务。而当时距离实现全面建成小康社会只剩下五年时间，时不我待，各地的扶贫工作团队都增强了紧迫感，真抓实干，坚决不让任何一个困难地区和任何一个困难群众掉队。

肩负着这样的时代使命，“精准扶贫”的春风终于开始吹散弥漫于岩锣村苗寨上空的贫穷的“雾霾”，让明媚的朝阳照射到这片山林之中。在和龙爷爷的交谈中，我们得知，2018 年前夕，对于岩锣村的村民们来说是并不那么美好的回忆。由于 2017 年湖南省多降雨天气，特别是在深处山地地区的花垣县，暴雨冲垮了山体，泥沙翻滚而下，原本还算清澈的山泉混进了沙石，落入田地里，不但冲垮了快要成熟的西瓜，还把平整的小菜园破坏得一片狼藉。西瓜的种植生产可谓是岩锣村人的命根子，滋养了一批又一批村民。他们靠着西瓜的运输、买卖，赚到一些钱财，让自己摆脱生活的窘境。但是，西瓜的种植并非毫无风险，一个犁牛半块田，收也凭天，荒也凭天，若是遇到天灾人祸，岩锣村的村民一年的辛勤耕耘便会毫无收获。在一年到头收入无望之际，倏然之间，天上掉下了一块甜甜的“馅饼”：湖南省委组织部经过严密的考量后决定，将花垣县双龙镇岩锣村作为 2018—2020 年湖南省委组织部的对口帮扶村，要让习近平总书记的“精准扶贫”政策在这里落地生根，同时，也不放弃其他任何一个贫困地区，早日实现全面建成小康社会的伟大目标。

2018 年 3 月 29 日，是湖南省委组织部派来的驻村帮扶工作队进村的日子。那一天，没有爆竹，没有成排的黑色小轿车，也没有招待领导的昂贵茶叶，有的只是天空中分外明媚的阳光，岩锣村乡亲真挚淳朴的笑容里饱含着对未来的美好向往与憧憬。不仅仅是村民们，岩锣村的村干部们也喜笑颜开。在这样一个深度贫困村里，两年前，村干部们急的是村庄无人，难的是发展无门，怨的是管理无章，盼的是村强民富。驻村帮扶工作队的到来，仿佛是一阵和煦温暖的清风，携着发展与自强的希冀，在暮霭沉沉的黄昏中拨开层层迷雾，让岩锣村村民前行的阡陌倏而历历可寻。

这个优秀的队伍是由几位年青有为、思想开放的大学生和研究生，以及有经验、有能力的组织部干事组成的。他们有的是省委派下来的优秀干部，有的是中国传媒大学的优秀毕业生，在大好的青春年华，甘愿献身于这片贫瘠的土地，指导当地的扶贫、脱贫工作。他们风里来雨里去，夙夜在公，精心谋划，初心不改，带领岩锣村的百姓沿着脱贫摘帽的路途，坚毅前行。

在此后的岁月里，他们从基层治理出发，明白了：要发展，要致富，就首先要有好制度。在多天的探讨和深度调研之后，他们梳理出了长长的问题清单，无一不是难啃的“硬骨头”：村级班子弱，说话没人听，办事没人跟；集体经济少，脱贫无产业，发展无后劲；一条断头路，一断十八年，迟迟未建成；老弱病残多，教育不上心，贫困程度深。在这种情况下，驻村帮扶队首先决定要建强村内的基层组织，“四议两公开”“互助五兴”① 等活动在村民中间自发进行，义务劳动、主题教育活动接连开展。不少青年农民开始积极向党组织靠拢，目前已经有五名年轻人递交了入党申请书，两名外出务工的年轻党员返乡创业，这些都是了不起的成就。

除此之外，在涉及村民居住幸福指数的基础设施上，驻村帮扶队和村干部、村民们一起，联络了湖南省建筑设计院有限公司，对村庄

① “四议”是指村党支部会提议、村两委会商议、党员大会审议、村民代表会议或村民会议决议；“两公开”是指决议公开、实施结果公开。“互助五兴”即学习互助兴思想、生产互助兴产业、乡风互助兴文明、邻里互助兴和谐、绿色互助兴家园。

的区域进行了整体规划，开展了十项民生工程，修筑了公共厕所、排水设施，还一举解决了困扰村民们许久的道路泥泞不堪带来的烦忧，石板路铺进了家家户户，路灯照亮了山村的夜晚，那条十八年的“断头路”打通了，寨子的洪涝问题也彻底解决了，长久以来的民生期盼得到了回应，满满的获得感、幸福感、安全感萦绕在群众心间，岩锣村成为省、州、县三级的“美丽乡村”示范村，昔日杂草满山的村寨成了错落有致的村庄。基础设施得到完善后的村庄呈现出一幅欣欣向荣、焕然一新的景象，展现出生机勃勃的活力，正应了宋代王安石的那首诗——“茅檐长扫净无苔，花木成畦手自栽，一水护田将绿绕，两山排闼送青来”。

而在思想扶贫和精神教育方面，经过三年的扶贫工作，驻村帮扶队深刻体会到：只有坚持扶志扶智不扶懒，才能解决深层次的思想贫困问题，群众追求美好生活的内生动力才会被激发。脱贫没有捷径，如果有“等、靠、要”的思想，看上去一时占了便宜，到头来只会一无所有，只有把“强精神”“富脑袋”的工作做足了，让贫困群众从内心深处有了跑得赢的心气，吃得苦的勇气，霸得蛮的胆气，耐得烦的静气，深层次的贫困问题才能解决。为此，“脱贫攻坚讲习所”“四点半课堂”“专家讲习会”等活动接连开展。每到这时，村民服务站、西瓜地里，都有成群的村民跟在帮扶队请来的专家后面，拿出废寝忘食般的精气神，聆听专业知识，学习各类技巧，仿佛要将自己前半生不懂的领域通通填满，皓首穷经，焚膏继晷，村里不管男女老少，都如同启蒙的孩童，奋力汲取着知识的营养，让文化的力量流淌进血脉、延宕入基因。

产业经济的发展则是帮扶队为岩锣村做出贡献最多的地方，也是村民最为关心的领域。要想从“靠天吃饭”、自给自足的小农经济转化为能够“摘穷帽、断穷根”的产业经济，扶贫队想了很多的法子。三年以来，他们做了很多尝试，回头来看，只有因地制宜把脉，抓住产业机遇，才能培育出群众动心、积极参与的好产业。最终，岩锣村形成了“猪粮果茶、一二三+”的产业布局，不仅重置了传统产业西瓜的生产，实行种植奖励，搭建销售平台，举办西瓜丰收节，还创办了黄金茶、养猪场等产业。

此外，岩锣村还兴建了吸收年轻劳动力的岩锣村米厂。截至2020年7月，米厂已在花垣县境内签约了3000亩（200公顷）稻谷种植基地，同时在双龙镇建设了1000亩（约67公顷）核心产区。湘西凤凰、贵州松桃等地还主动与岩锣村米厂联系，想要销售自己的优质稻谷原料。从单一到多元，风云变幻之际，变化发展之间，充斥着的是扶贫队和岩锣村村民的努力奋斗、自强不息的气魄与精神。

还记得我们第一次来到岩锣村的时候，就不禁在心中发出这样的疑问：“这里真的是一个贫困村吗？”目光所及之处，是漫山遍野的绿树鲜花，湛蓝色的天空澄澈如镜，进入村庄的道路并不像我们所想象的那般泥泞不堪、尘土飞扬。相反，路面呈青褐色，平整宽敞，甚至细心地减缓了弯道的幅度，以避免来客晕车。停车场正对着的村民服务中心，顺应了当地的苗族文化，修筑成了传统的二层石屋，走进去就是明亮干净的大厅，村民们在这里或是对生产知识求知若渴，或是为村庄的发展出谋划策。服务站外是村干部请人修筑的大戏台，每到诸如元宵节、除夕夜，以及苗族的“赶秋节”和岩锣村特有的“西瓜丰收节”，总会有村里的歌舞队在这里表演节目。她们大多是人至中年的农村妇女，平日里既忙着农活，还要照顾老人、孩子，关心远方的丈夫。但每当这些盛大节日开幕的时候，她们就会梳妆打扮，换上苗族特有的秀美裙装，仿佛又看见了当初那个十八岁的自己。姣好的容颜、清亮的歌声，是每一个苗族人心中最动人的风景。如今的岩锣村，摘掉了贫困的帽子，穿上了崭新的春装，她挥一挥衣袖，掸去过往的贫穷与艰辛，将初春的晨光洒向大山深处的每一寸土地。

图 1－5　岩锣村的大戏台

我们此行同样见到了省委组织部扶贫队的领头羊“毕队长”毕栋梁同志。他的脸圆圆的，面庞上总是带着平易近人的笑容，给人一种既亲切又踏实的感觉。他自嘲村里不管老少，一律称他为“老毕”，未至中年，就先得了个“老毕”的称号，说来也是个笑话了。“不过，这也代表大家伙儿愿意信任我，愿意把困难和喜悦都和我分享嘛！我们和村民们在村庄里一块儿生活工作，本来就没有什么地位之分，只不过各司其职罢了。”毕队长笑着说道。

谈起当年刚刚来到岩锣村时的情景，毕队长一边回忆一边皱了皱眉。他年纪还轻，眉心却已经有了几道深深的沟壑，就像岁月的大山和人民的殷切期盼，重重地压在了他的眉宇之间。他回忆说，当年刚刚来到岩锣村的时候，进村的路还是黄泥路，他们从吉茶高速公路德夯出口往花垣方向行驶，走了约五公里就到了岩锣村，也就是进入花垣境内的第一个苗寨。进村的路面坑坑洼洼，他们开来的那辆小皮卡还因为道路颠簸熄火了好几次。等到了村子里一看，嗬，好家伙，一座座砖房、石屋、木房交错分布，杂乱无章。因为没有规范的排水管道和山间多雨的天气，村里有些地方已经形成了一道道浅浅的水沟。村里并没有统一的垃圾箱，村民们就把垃圾丢到水沟或是山上，更有甚者直接就在家门口将垃圾点火焚烧，产生的浓烟弥漫到整个村庄上方。他们去到村民家里，看见发霉的桌椅和发黄的吊灯，还有躺上去咯吱作响的矮床，禁不住为他们心忧。毕队长坦言，还没来的时候确实没想过村里的条件会这么不好，想要让这个村子在三年内脱贫致富，赶上大部队的步伐，实现小康社会，是需要非常大的努力的。当时的扶贫队队员们心里面都有些没底，但当他们连夜开了一次讨论会，在晨光熹微的清晨推开屋门，看到在田间辛勤耕耘着的村民时，心中的悲郁忐忑烟消云散。他们的心中突然有了一股强烈的信心，更加笃定地坚信：世上无难事，只要肯登攀。勤劳的苗族乡亲们几十年来用双手种下丰收的希望，他们同样也要将自己的初心写在湘西花垣县岩锣村脱贫攻坚的第一线。

毕栋梁向来是个爱“较真”的人，认准一件事就一定要做出个名堂来。对于做帮扶队长，他一直向我们强调，要把这个岗位当成干实事、练本领的“炼金熔炉”，坚持过得硬、真扶贫，打得准、扶真贫，干得实、真脱贫。“只有这样才能开启岩锣村高质量脱贫、高效能治理、高品质服务、高水平发展的新局面。”毕队长总结道。

在扶贫队到来之前，岩锣村户籍人口 238 户、1076 人，有建档立卡贫困户 87 户、365 人，贫困发生率为 34%，比花垣县全县平均水平高出 17%。村庄的共有耕地为 130 公顷（旱地约 80 公顷、水田约 50 公顷），人均水田不足 0.05 公顷，主要经济作物有烟叶、西瓜、胡萝卜，

图 1－6　在岩锣村村部采访“毕队长”毕栋梁（右二）

主要经济来源也只是一些传统种养殖业及务工收入。而如今在驻村帮扶队带领下，村两委与全体村民团结一致、鼓足干劲，坚持“过得硬、真扶贫，打得准、扶真贫，干得实、真脱贫，不忘初心跟党走、艰苦奋斗再创业”，开启了岩锣村高质量脱贫、高效能治理、高品质服务、高水平发展的新局面。截至 2019 年底，已有 84 户 360 人实现稳定脱贫，贫困发生率由 34.00% 下降到 0.65%，整村顺利脱贫出列。

谈起如今岩锣村的脱贫成果，毕队长的脸上浮现出了一丝谦逊的微笑，他向我们分享了这三年的工作生活中他自己的一些感悟。刚刚来到村子不久，他发现“中国农村缺乏的是约束，到了村子里，你才发现工作对象的重点其实是农民，他们的特点就是实际、淳朴、固执，他们想要发展，想要富裕安康的生活，但在面临变革的时候可能会犹豫不决”。毕队长低下头苦笑道：“就拿当时西瓜的生产改革来说吧，农村里的人可能一辈子都没见过大棚，你告诉他，用科技来播种、生产，会比人工种植更加精准，而且他们也会更加轻松，但他们就是闲不下来，不放心把生产交给现代科技，因为他们祖祖辈辈的教育是这样的，传统、守成，不求变，只求安稳，你要是贸然改变，只会激起民愤。所以，后来我们才会去开办讲习所，请真正专业的、懂种西瓜知识的人来跟村民们讲道理，让他们明白，什么样的东西才是好的，才是有效的。”

面对着我们这些即将踏入社会、进入工作岗位的大学生和研究生，毕队长告诉我们：“有时候工作的环境是在不停变化的，只有掌握了真实的信息，才知道如何去做群众的工作。随着时代的发展与变迁，现在的工作方式也在改变，之前很多人把人民群众一味地看成被动的接受者，但是就实际经验来看，要把自己的思想放在别人脑袋里是很难的，我们应该做的是，多在底层谋划、宣传、跟踪、落实，用基础工作法和群众工作法来让村庄变强变富。只有公平、公正、公开，所有东西都在阳光下，才能最大限度争取到群众信任，但同时，我们也要和群众不合理的诉求斗争，不能一味地满足，不然很多工作是推进不下去的。不然，很多不合理的要求就会浮上水面了。”

国家在发展，扶贫工作也一路披荆斩棘、风雨兼程。纵观中华上下五千年的历史长河，往往最易被人忽视的农村是国家发展的缩影。这里是一个巨大的蓄水池，它是最复杂的，也是最简单的。吃喝拉撒、生老病死全靠着村委会、村干部管，而我们开展工作的传统模式又是上级提出政策，村干部抓落实。这就导致很多时候农村的信息是不对等的，很多东西是落实不到位的。也许，这世上的难事便是，在最复杂的地方要做最精准的事情。我们最应该重视的，是要解除农民的思想桎梏，而不是一味改变农民的思想，要让他们明白作为家乡的农村并不是贫穷的根源，而是他们最后的港湾与归宿。中国人的农村情结是很重的，解决了治理问题、思想问题，我们才能持续向更好的方向发展，农村才能创造出财富，留得住人心。

四、张氏大叔的摘帽记

扶贫队让“扶贫脱困”的春风吹遍岩锣村的每一寸田野，他们将阻挡村寨的荆棘编织为桂冠，为每一位奋斗在脱贫之路上的村民加冕。而在这趟行程中，一位张氏大叔的事迹深深地烙印在我们的脑海中，他颇具传奇色彩的脱贫摘帽经历成为这次湘西之旅中浓墨重彩的一笔，余韵悠长、回味无穷，使我们一行人久久难以忘怀。

前文提及了岩锣村那棵樟树下的凉棚，在那里，我们结识了一位身穿藏青色苗服、十分健谈的大叔，他向我们娓娓道来曾经前往北京的经历，并为我们介绍了这个村子里已近期颐之年、可谓是村庄“百晓生”的龙爷爷。那个时候，当我们在向龙爷爷了解情况时，一条难以逾越的沟壑横亘在我们面前——语言并不相通。过去的岩锣村十分封闭，村子里很多老人是不会说普通话的，而他们所说的苗语又是自己特有的文化。当时的我们和龙爷爷面面相觑，互相听不懂对方的意思。正在这时，向我们介绍龙爷爷的大叔走上前来，提出他可以做我们的翻译。这让我们格外惊喜，感激之情溢于言表。于是，在此后的采访中，他的支持与帮助化作指引我们的灯塔，照亮我们在调研途中的前行之路，终而让一个更加完整且生动的村寨轮廓渐渐地浮现在我们眼前。

结束采访后，我们向这位大叔表示了最诚挚的感谢，并询问他的名字。尚未开口，他身旁的小卖部的女老板就忍不住搭了腔：“他是咱们村里有名的赤脚医生，叫张宏斌哩。”我们对视一眼，颇有些疑惑地问道：“张大叔，请问什么叫赤脚医生呀?”张大叔笑了笑，告诉我们：“我是村里的苗医，但是没有营业执照，只是靠着祖祖辈辈传下来的医术来帮村民看病，久而久之，大家就叫我赤脚医生了。”“苗医!”我们惊诧道，这是我们来到湘西村寨接触到的第一个富有神秘色彩的词汇。此前，我们只有在书籍和影片里才会看到一些来自苗族的讯息，极具神秘感。例如，具有黑暗色彩的“赶尸”仪式，据说曾有人在夜晚看到高耸的山顶上，有赶尸人赶着一对尸体在山间穿行。还有不知真假的苗蛊，有的可以控制人心，有的拥有追踪位置的功能，苗虫入体，便要靠鲜血滋养，子母蛊连心，除非一方死亡，否则此生不可分离。虔诚的祭祀仪式，处理尸体的特殊方法，太多书籍和影音的记录，让苗族蒙上了一层奇异瑰丽的面纱。在来到湘西之前，我们凭借着自己浅薄的知识，对这片土地充满了向往与敬畏，亦在心底深埋着一缕恐惧。张大叔的讲述让我们对这座寨子又增添了一份好奇，迫不及待地想要听听那些有关苗医的故事。

张大叔被我们急切的举动逗笑了，他舒展了一下眉头，笑着说：“同学们，可能要让你们失望啦，苗医也是医生，没有你们想象得那么本领通天。”说着，张大叔告诉我们：“我是20世纪五六十年代出生的，家族世代行医，在我小时候，我父亲就是远近闻名的苗医了，他大大小小的病都会治，附近的村寨如果有人得了很严重的病，也会找他去医治。”张大叔抿了抿嘴角：“童年的时候，我印象最深的就是家里那间放满了草药罐子的屋子，天南星、地骨皮、春辛草、夏枯草、秋白菊、冬葵子，各类中草药应有尽有，父亲抱着我一样一样地认那些草药，现在想起来，那样的日子好像就在昨天呢！”听了张大叔的话，旁边的一位大婶接茬儿道：“老张啊，如今你也算是继承你父亲的事业啦，过去咱们村子里，谁家的娃儿有个什么病，没钱上镇里的医院，还不都是你给看好的。”我们赶忙问大婶，张大叔是不是会治疗很多的疾病啊，她听后爽朗地笑道：“别的东西我不晓得，但我知道，我们家娃儿平常有个什么感冒啊，肺炎啊，都是老张给治好的哩。喃，就拿那个桐油给虎妞一推，过几天就上树够风筝去啦！”听了大婶的描述，我们都情不自禁地跟着笑了起来。张大叔不好意思地挠了挠后脑勺，脸上微微有些泛红，他告诉我们："治疗肺炎是我父亲的拿手绝活，用桐油在人的身上推拿，就会看到身体里有一个像蝴蝶一样的印记，只要把它推散，病症也就除了。"张大叔的父亲把这一招传给了他，他年轻的时候便以此为生，除此之外，他还看了很多的医学书籍，学了很多的知识，所以也会治疗一些其他的小病小痛。乡亲们信任他，才愿意请他帮忙，但如果遇到严重的病症，他还是会劝说乡亲们去镇上或是省城的大医院救治，不要白白耽误了最佳的治疗时间。现如今年纪大了，腿脚不方便，张大叔也不会像以前一样出诊了，但如果街坊邻居有个什么小病，他也会过去帮帮忙。正说着呢，大婶就在旁边插嘴道："还说呢，上次你给隔壁那小妹治了肺炎，又没收钱吧。"大婶撇了撇嘴，朝我们解释道："你们是远方来的，不清楚，老张给人治病都不收钱，咱们这些乡亲有时候心里挺过意不去的，不过老张就好一口烟，所以我们有时就给他送几包烟，也算是表达一下我们的心意吧。"张大叔坐在我们身边，慢悠悠地抽了一口烟，吐出一个烟圈，边笑着边喃喃自语道："没办法，都到这个岁数了，活得随心所欲才是真嘛！"

当时已临近中午，我们意犹未尽地起身，再次向凉棚里的乡亲们表达感谢，并表示如果还有机会，一定要再继续听张大叔的故事。只是现在快到午饭时间了，不好耽误大家的时间，便只好就此道别。正准备走的时候，张大叔突然问我们："不嫌弃的话，你们中午就到我那儿吃饭吧，你们远道而来，咱们这儿最近的餐馆离村子有好几公里的路程，要想走出村子去吃饭，可不知道要走几个时辰呢。"我们又惊又喜，却又担心会给张大叔添麻烦，最后经过商议，谭老师一锤定音，宣布咱们今天就叨扰张大叔了，也去蹭一顿湘西岩锣正宗的农家菜。于是，我们带着满心的喜悦跟随张大叔走出凉棚，穿过了几座房屋和一片稻田，来到了他的家里。

图1-7　在张宏斌（左二）家做调研

还未进门，首先映入我们眼帘的是竖在木屋门前的一根旗杆，鲜红的五星红旗在旗杆上随风飘扬，虽不大，却有一种坚韧不拔、英勇无畏、屹立不倒的精神蕴含其中。进了木屋大门，我们首先看到的是挂在玄关两侧墙壁上的几张照片，右边是张大叔和他妻子的合照，以及他站在天安门广场前的照片，左边则挂着一个由湖南省人民政府颁发的“光荣之家”的牌子，环绕在它周围的是一些身穿军装的老人的合影。细细一看，我们发现其中的一张合照上写着“中国人民解放军原55军163师、165师吉首地区部分复退老兵赴广西、云南边疆祭英烈活动留影，2019年4月于广西凭祥”。堂屋正中间是一台电视机，正上方悬挂了一块“富贵满堂”的牌匾，里侧还有一面墙，上面挂满了与脱贫致富相关的资料和宣传语，有毛泽东、习近平的领袖照，贫困户建档立卡的登记表，扶贫队发放的各种宣传单，岩锣村新春拔河比赛的二等奖证书，还有数张乡镇人民代表大会的出席证。我们对张大叔墙上的照片很感兴趣，便问他是否是退伍军人，是不是曾经参过军。张大叔笑着点了点头，告诉我们，他的父亲张昌珊同志曾经参加过抗美援朝战争，从小父亲就教育他要热爱自己的祖国，如果你有力量和胆识，那么就去战场吧，去保卫我们的国家，不让敌人侵占一丝一毫我们的领土。21岁时，张大叔便毅然踏上了守疆卫国的征程。此前的他，还是一个在公社开拖拉机、跑运输的年轻人，当他第一次穿上一身戎装，什么都没想，就跟着大部队走了。回忆着多年前那份军旅情节，张大叔的情绪有些激动，一边说着，一边用粗糙干裂的手指拭了拭眼角，走进里屋翻找了一阵，捧出了40年前的那套军装。那套军装看上去像新的一般，被保养得很好。在经过了战场烟火的洗礼之后，这位退伍老兵将一身戎装一直完好地保存在自己身边，小心翼翼地把它锁在木箱深处，隔一段时间就会拿出来，抚平它上面每一丝岁月带来的褶皱，拂去堆积的每一粒灰尘。“解甲归田四十载，絮绕军营一片心。当年杀生震天响，如今弓腰驼背身。”张大叔看着这套军装，仿佛又回到了当年征战杀敌的战场，他摇了摇头，叹口气道：“去年，我们参加对越自卫反击战的老兵一起去了广西凭祥，大家穿着军装，看着那些老战友的脸庞，又回忆起了那段难忘的峥嵘岁月。战场的环境很艰苦，有的时候，晚上找不到地方住，我们就席地而卧，以天为被，化地为床，夜晚的郊外很安静，大家有很多话讲，对家乡的思念，对战争的恐惧，以及对未来的迷惘。一觉醒来，到了白天，大家便又神采奕奕地踏上征程，黑夜仿佛带走了我们的悲伤，阳光一直伴随在身边。”

说完这一番话，张大叔突然向我们其中一名男同学笑着说道：“同学，你想不想穿一下我的这身军服啊?”我们都没想到，张大叔愿意把他如此珍贵的一件军服拿出来让我们感受。那位男同学在推辞过后，还是欣喜地穿上了那件宝贵的军装。几十年的风雨过后，这件曾经在泥地

图 1-8　范柳（右二）穿上张宏斌珍藏的军装在其家门口留影

里蹚过、在草地里滚过、在战火里淬炼过的军装，又被穿在了另一个年轻人的身上。张大叔看着这名敬军礼的男同学，眼睛里有一束光一闪而过，他执意要男同学戴上军帽，和这名男同学一起在门口的国旗下合个影。快门按下的那个瞬间，记忆被永远定格。国旗依然鲜红，当年意气风发的士兵却已经老去，但没关系，这个世界上仍然会有许许多多前赴后继的年轻人，他们愿意穿上这身军装，愿意为祖国和人民的安康奉献出自己的一切。

“精忠卫国驻边疆，而今挥泪褪戎装。三年五载兵义满，胸怀豪情回家乡。强国富民沙场路，安然换身蓝衣裳。刚毅情操永不变，再赴农业报效党。”1981 年退伍后，张大叔听从了父亲的建议回到家乡，很快就和自己喜欢的姑娘坠入了爱河，之后便娶妻生子，过上了安安稳稳的日子。后来，他和妻子乔迁来到了岩锣村，觉得这里比起其他地方，由于地处大山，更添了一份安宁祥和，遂决定在这里安定下来。他们去山上砍倒木材，盖好房屋，在屋前屋后圈起了一片田地，开始种菜养鸭，家里两个孩子的童年便是在烂漫的山野间度过的。平日里，张大叔负责干农活，空闲的时候会去帮邻里看病，以补贴一些家用。妻子身体不好，便在家做做饭，照看照看孩子。离开了战场，无穷无尽的紧张和随时随地都可能袭来的炮火已经离他们远去，在这个小小的木屋里，张大叔感受到了和热血沸腾、英勇无畏的战场不一样的东西，那是妻子缝补针线时弯弯的眉眼，是孩子爬上村口的大樟树时欢乐的笑脸，是乡亲们往来时和善的问候，以及对他医术的赞美和感谢。“种豆南山下，草盛豆苗稀。晨兴理荒秽，带月荷锄归。道狭草木长，夕露沾我衣。衣沾不足惜，但使愿无违。”有关战火的记忆被张大叔小心翼翼地封存了起来，他此生不可能再有机会回到战场了，把自己的生活过好，为村庄的发展多做点事，是他能够想到的为国家再尽一些微薄之力的最好的方法了。

当“精准脱贫”的春风吹遍岩锣村的土地的时候，张大叔也开始忙碌了起来。他跟着村民们一起参加了帮扶工作队开展的脱贫讲习会，聆听了农业专家的指导，他把脱贫记录表挂在家里的墙壁上，上面记录了每个月详细的收入和支出，还富有童趣地在收入多的那一个月后面画了一朵小花。不仅如此，他不再内敛沉默，只是守着自己的一亩三分田，而是转变了思想，开始改良生产技术；同时走出家门，参与了村庄的“西瓜丰收节”“篮球运动会”，平日里的生活渐渐变得流光溢彩。但命运于他而言却常有不公。在脱贫摘帽爬坡之际，张大叔患上了脑瘤，就在2020年上半年，他经历了一次长达七小时的手术。在省城医院的治疗费用，对于这样一个农村老人而言可谓是一笔天文数字，更别提还有后续的医药费；要不是政府帮他报销了90%的医疗费，他很有可能会再次因病返贫。听到他的遭遇，我们唏嘘不已。即便不忍心，我们也不得不承认，这样的情况也是很多贫困家庭的一个缩影，一次大病可能就要花费一个贫困的农村家庭十几年的积蓄。特别是在农村地区，医疗扶贫、政府托底是精准扶贫的重要政策保障之一。只有让农民没了后顾之忧，他们才能全身心地投入到生产中，在安安稳稳的日子里走向富裕。也正是因为有了这些医疗保障，农民才会真正体会到国家政策带给他们的福利。正如诗句所云："凉冷三秋夜，安闲一老翁。卧迟灯灭后，睡美雨声中。灰宿温瓶火，香添暖被笼。晓晴寒未起，霜叶满阶红。"平平淡淡的后半生是他们对故土的最后希望。

在张大叔家简单吃过午饭后，我们再三向他表示了感谢，张大叔不收钱财，我们就效仿村民送给了他一条香烟。张大叔挠了挠头，不好意思地收下了。临走之际，他还热情地欢迎我们有空再来做客，等下次来的时候，他就准备二两菊花酒，再把家中腌好的腊肠拿出来，定要好好款待我们这些远方来客。我们高声笑着答应了。挥别张大叔后，我们结束了一天的寻访。在离开岩锣村的路上，依旧能看见那面高高飘扬着的五星红旗，在村庄的上方，伴着晚来的凉风，舒展着自己鲜活的身影。

或许多年以后，我们可能会忘记这里的晚风与阡陌，但张大叔淳朴的笑容和提及那段峥嵘岁月时眼里闪烁着的星光，却会穿越我们心灵的旷野，恒久地留存在记忆深处。

五、万事俱备，东风劲吹

古人常说，"万事俱备，只欠东风"。而对于岩锣村而言则不然。扶贫东风吹满地，摘帽夙愿可企及。岩锣村扶贫的准备工作早已准备就绪，而脱贫摘帽的东风也徐徐吹向村寨的每一隅。脱贫致富不再是夜幕之中那颗遥不可及的星辰，而是一如那闪烁跳跃着的星光，照耀进岩锣村的家家户户。

如今走在岩锣村宽阔的环村公路上，看到的是平整的路面和高高低低整齐的房屋。可在几年前，这里还是一个深度贫困村，存在着各种各样亟待解决而无人解决的问题；这里的群众无人带领，发展无门可寻，管理无章可依，一切都需要牵头而动。而在 2018 年湖南省委组织部将花垣县双龙镇岩锣村设定为对口帮扶村，帮扶工作队从当年 3 月 29 日进驻后，一切都开始发生变化。岩锣村在各级政府和领导的关心支持下，干部群众团结一致，奋勇向前，开启了脱贫摘帽、扶贫攻坚的新局面，奏响了高质量脱贫、高效率治理、高品质服务、高水平发展的新篇章。从官方发布的最新数据我们了解到，截至 2019 年底，岩锣村建档立卡贫困户已经有 84 户共 360 人实现稳定脱贫，贫困发生率也从 34.00% 下降到 0.65%，实现了全村整体脱贫出列。同时，从 2019 年初，岩锣村就大力推进农村人居环境整治，实施“人居环境整治百日攻坚”行动，致力打造“最美村寨”，获得了“湖南省美丽乡村建设示范村”的荣誉称号。而且由于帮扶工作队的工作高效细致，第一书记即帮扶工作队队长被评为“湖南省 2019 年最美扶贫人物”。这一系列成就都是众人拾柴火焰高的成果，那么，在这亮眼的荣誉背后究竟有哪些工作要素进行支撑？他们为此花费了多少精力和时间？又有哪些智慧才华被运用其中？下面且听我们娓娓道来。

自从扶贫工作队进驻岩锣村以来，他们率领全村人民一起打响了脱贫摘帽的攻坚战。在统一指挥下，他们一方面坚持“扶贫先扶智、致富先修路”的理念，并佐以医疗扶贫、金融扶贫、托底扶贫等方式；另一方面依托传统特色优势产业，以种植茶叶和西瓜为基础向外辐射，并因地制宜，积极拓展其他产业，如种猪养殖和大米加工等。经过短短几年的努力，岩锣村迅速摘掉了深度贫困的帽子，实现了长久以来的脱贫夙愿。

扶贫先扶志，扶贫必扶智

扶志就是扶思想、扶意志，让贫困群众有信心追求美好生活并付诸行动，赋予他们新的生活动力和奔跑勇气。扶智就是扶知识、扶技术，帮助贫困群众提高综合素质水平，也就是帮助他们提升有助脱贫致富的关键因素。如果扶贫不扶志，可能仍然存在“等、靠、要”思想，即使一度脱贫，也可能因失去未来自主奋斗的思想意志而再度返贫。因此，唯有扶志扶智不扶懒，才能解决深层次的思想贫困问题，激发群众向往美好生活的内生动能。

扶贫工作队驻村后积极开办了“脱贫攻坚讲习所”，每月召开一次群众会，为群众宣讲扶贫政策，助力思想首先脱贫。工作队人员告诉我们，因为对于优惠政策，家家户户都想争取，所以针对合理或不合理的诉求，政策的提前讲习宣传有助于打破群众固有思维惯性，更有利于政策的落地和实施。队长说：“这种政策只有在共产党领导下，只有在社会主义社会里，才能发挥其优越性。”群众会里不仅是工作队和村委讲政策、讲宣传，还会让村民讲变化、讲困难。大家群策群力，最后向贫困户送政策、送技能，引领他们找到适合自己长效脱贫的解决途径。

在解放思想的同时，还需要对知识技能进行培训教习。工作队把“引进来”和“走出去”坚决贯彻落实到日常工作中，一方面多次组织村两委和村民代表参观考察产业基地，了解村集体产业具体流程与发展走向，为村民积极参与产业发展提供现实动力；另一方面开展“科技助力精准扶贫考察学习活动”，先后10余次邀请专家开展技能培训，为村民发展产业提供技术支持。因为开展了诸多具有针对性的扶志扶智活动，村里涌现出了一大批产业大户，纷纷力争脱贫致富。

图1-9 湖南省委组织部“田间课堂”走进岩锣村

由于岩锣村外出务工人员众多，所以村里老弱病残多，教育不上心，贫困程度深。针对留守儿童数量多、易辍学、难管理的问题，工作队联合中南大学人才计划组织开办“四点半课堂”活动，对留守儿童建立长效关怀机制，并且经常举办关心志愿或者捐赠图书等活动，进一步为村里儿童争取更多福利权益。在教育扶贫上从幼儿园到研究生均有各项补贴政策。

工作队秉承不仅要关心学生教育问题，还要完善村规民约规范问题的宗旨，制定“十美”行为规范，对陈规陋习进行规范处理；无事酗酒、高额礼金等问题纷纷被约束治理，以弘扬社会主义文明新风尚。并且为了鼓励村民奋发向上、力争上游，连续两年召开了全体村民参加的总结表彰大会，颁发“最美农家”“脱贫先锋”“创业能手”“好党员”“好学生”等奖章证书。从惫懒到自强，村民们的思想观念有了很大转变，都认为“好日子是奋斗出来的”。

图 1－10　扶贫工作队定期开展向岩锣小学捐书的活动

致富先修路

基础设施是扶贫之路的基石，只有完善基础设施和基本公共服务建设，才能为产业发展提供重要基础。因此，工作队为了回应民生期盼，提高村民幸福感，致力于解决各种悬而不决的基础问题。工作队自驻村帮扶以来，通过走街串巷实地考察和与村两委及群众及时沟通，寻找规划部门编制了《脱贫攻坚三年总体规划》《村庄规划和基础设施建设规划》《乡村旅游规划》等文件，请求专业人士因地制宜筹划方案，并积极寻找资金，及时启动规划方案建设，早日为村民生产生活提供便利。

最基本的就是公路问题，岩锣村的公路 18 年来一直被称为断头路。2013 年和 2016 年国家曾拨款项支援建设，但几番努力，都因为与村户沟通未达成一致而不得不搁置修路项目。听村民讲述，以前的公路都是石头泥土路，不但日常不利于行走，遇到雨天，便泥泞不堪，遇到冬天结冰更是不便，村民对此抱怨纷纷。而在 2018 年工作队进驻岩锣村后，立产业，找资金，齐人心，总算将断头路连接修建起来。如今，平整干净的石板路如根须般穿插在房屋之间，宽阔顺畅的环村公路如丝带般围绕着岩锣村，默默守护着这一方水土和人民。从现有数据来看，新近改造进村道路2.0公里，环村路0.9公里。在绕村过程中，我们看到还有村民家门前在修路，询问得知是要铺就石板路，要做到每家每户门前都是青石板路通行，这样就大大解决了村民出门即蹚泥的问题。

此外，寨子里沉疴已久的积涝灾害也因为后续水渠的修建而得以解决，村民再也不用担心大雨瓢泼后水漫村庄了。铺筑道路，修建水渠，扶贫工作队为村民们拨开丛生的荆棘，填平横亘的沟壑，一条通往摘帽脱贫的道路呈现在这片秀美瑰丽的山林之间。

好环境创造幸福感

漫步于岩锣村的道路上，清爽的微风从耳畔吹拂而过，柔软的云儿在无垠的天际徘徊。路旁散落着小果园、小花园，不时可见路边三三两两的村民，或坐于石板上，或站于田垄间，闲情逸致地说说笑笑。享受着山里独有的气息，听孩童嬉闹的笑声，赏园间自在劳作的风姿，这浓郁的乡村风味让人沉醉。但如今的好环境并非天然形成的，也不是一朝一夕铸就的，干净整洁的环境离不开大家的细心治理和悉心呵护。正如现在环村公路上看到的定点安排的垃圾分类处，不仅合理解决了垃圾乱放、污染水源、污染山林的环境问题，还使得村庄保洁常态化、垃圾分类减量等政策得到了更好的落实。

继续向前，我们看到一座充满历史气息的青瓦石砖房幽静古老地屹立于天地间，斑驳的石墙仿佛述说着这片土地上悠久的过去。据说这座房屋已经历了一百多年的岁月，见证着岩锣村百年来成长的轨迹。从工作队处了解到，这座房屋现属于村里的文化景观保护项目中的一个，会派专人来定期修护和打虫，以起到保护作用。对于这些村里的老旧房屋，驻村工作队不仅没有拆除，还定期进行房屋修缮，这不仅为岩锣村的文化景观保护奠定了基础，也为岩锣村的历史沉淀留下了见证者。当华美的叶片落尽，生命的脉络才历历可寻。这些古老的建筑在历史风尘中褪去靓丽的外表，却将其蕴藏着的文化底蕴毫不吝惜地呈现给世人。它们承载着的不仅仅是一个年代的回忆与故事，更是整个村落的历史脉络与文化气息。

图 1－11　岩锣村的百年老屋

“好”“进啦”，远远听到热闹非凡的加油喝彩声，提步向前走去，原来是村民文化活动广场旁的篮球场上，村民们在举办篮球赛。光滑的地面，开阔的场地，完备的设施，都为丰富村民业余生活提供了基础保障。380 平方米的活动场所不仅为村民提供了议事聚会的好去处，还能树立起岩锣村的地标形象。绕过篮球场，我们看到前面有一座不像其他房屋拥有园子，而是独立坐落于旁边的白色建筑，趋近前看，原来是公共厕所。我们发现里面配备完善，水电充足，干净透亮，有经常打扫的痕迹。从工作队处了解到，这也是为了提高村民生活幸福感的一项大改造——厕所革命中的一环。由于农村历史习惯问题，露天粪坑和简易茅厕比较常见，这严重影响了卫生常态化防护和农户生活体验感。因此工作队入驻不仅修建了公共厕所，还普及农户卫生厕所安插到户，彻底消灭旧式厕所。同时，针对污水处理问题，推广单户型处理设施，高效处理污染问题。天也暗了，路灯也亮了，岩锣村的夜晚不仅有茶余饭后闲情逸致的交谈声，还有灯火通明照亮前方的光明。生活环境越来越好，生活质量也会逐渐提升，岩锣村更会从深度贫困向全面小康迈出一步步坚实的脚印。

好队伍引领上台阶

在村寨里和村民交流时，都能体会到他们对村委和工作队工作的高度赞同。有村民向我们感叹道："村子这几年变化大了，但工作队的人变黑了、变老了，他们的头发也白了。"还有村民说，刚开始也不知道他们是谁，他们也不认识我们，但他们对我们就像亲兄弟一样。从村民们的只言片语中，我们看到了一个为民爱民、勤恳踏实的工作队和村委班子，岩锣村的脱贫摘帽离不开好队伍的带领和引导。那么，岩锣村是如何组织出一支好的队伍，并且努力打造成带不走的工作队的呢?

因为以前的岩锣村村级班子声音弱小，说话办事无人领情，所以工作队入驻岩锣村后团队建设的首要任务就是建立起一支有人听、有人做的工作队伍。加强基层组织力量，才能有助于后期事务分配、联系群众、组织发展等环节顺利进行。对于这个迫切需求，他们首先制定出相应管理条例，建立起"四议两公开"制度并认真贯彻落实，还要求党员干部等定期参加支部主题党日宣传教育活动，制定出岩锣村合格党员的 17 条标准，并进行严格监督及接受群众反馈。同时，针对所有村委党委两班子及工作队人员，要求做到"五走五做"新标准，即第一，学习教育走心，做政治坚定的明白人；第二，调查研究走深，做本领高强的创业人；第三，检视问题走实，做敢于担当的带头人；第四，整改落实走严，做言行一致的正派人；第五，为民服务走常，做群众喜爱的热心人。

《淮南子》中言：矩不正，不可为方；规不正，不可为圆。首先，在任何行动之前订立好明确的规定，有助于工作效率提高和工作职责合理分配，完善的标准制度对于党员民主评议和监督管理能起到量化管理的明晰作用，完善清晰的评判标准也能为百姓群众答疑解惑，使他们明确了解工作队的具体执行标准，有助于提高班子队伍的威信，增强群众对村委党委班子的信任度，更有利于日后工作开展和群众配合。

其次，在制定好规则标准后，还需要大刀阔斧的行动。因此，为了响应国家号召，工作队大力推行“互助五兴”治理模式，严格要求按照“选、建、诺、访、助、评”互助六法进行有效治理。目前村里已经成立了 25 个互助小组，主要由 3 名驻村工作队员、8 名村两委成员、6 名农村党员、6 名入党积极分子、2 名致富带头人担任互助组长，采取由 1 名组长带动 5 户人家的模式，已成功将互助覆盖面扩展至 125 户人家。不仅创立互助小组，还为公共空间管理划分了环境卫生党员责任区，让党员同志带头管理及维护公共区域环境卫生状况，力争从党员自身做起，向群众进行行为辐射。在发挥党员模范引领作用的同时，还结合实际采用“四清单、一村约、一平台”的村级治理制度体系，利用清单和程序的方便、快捷、高效性进行村务治理，直接解决了基层治理中互相推诿、职责不清的管理问题。

最后，在从制度框架上进行约束、从行为规范上进行整顿后，岩锣村工作队仍需要继续学习优秀地方的管理方式方法，以便于岩锣村实际问题的改正。岩锣村工作队经常组织党员进行思想主题教育活动和每年“七一”到十八洞参观学习活动。在不断发展自己的同时，还需要了解他人发展的步伐和变化，有利于激发出发展向心力和前进动力，增加对美好生活的向往之情，增强使命感，助力全村过上富足生活。从各方了解到，这一系列强有效的措施在制定及实施过程中，岩锣村的工作班子脱胎换骨，重拾起信心，建立起威望，在各项工作中树立了良好的党员形象，形成了全体村民“跟支部干事，向党员看齐”的良好氛围，大批年轻人开始向党、爱党，积极向党组织靠拢。

“工作一直在路上”，这是工作队员最常挂在嘴边的话语。农村是社会组织的神经末梢，而一支领导队伍只有发挥好作用才能集中群众的聚心力和发挥整体的向心力，才能使发展走上正途。这就需要党员村委等时刻将群众放在心上，将规章制度和集体经济放在重中之重的位置，方可建立起一支可靠的基层队伍。

优产业创造优生活

经济基础决定上层建筑，只有增强经济实力才能言及其他需求。脱贫路径千万条，产业增收第一条。所以如何因地制宜发展产业、实现精准脱贫成为岩锣村开展扶贫最基础的工作。从其他村寨和自我发展的历程中，岩锣村逐渐找到适合自己的产业，形成“猪粮果茶、一二三＋”的产业布局，只有因地制宜和精准对接才能抓住产业机遇、培养优势产业。首先，工作队抓住岩锣村传统产业即西瓜种植业，以种植奖励、集中育苗和大户带动的种植模式吸引村民加入，村民不仅不用再担忧因为缺少优质瓜苗、种植技术落后而导致收成寥寥，还能通过合作社集中采购和集中推广保证销售路径。岩锣村也因此通过种植西瓜的传统特色致力打造品牌形象，开展西瓜文化节等周边项目，不仅提高了旅游收入，还推广了本地西瓜产业，一箭双雕。其次，跟随全县步伐，依据市场环境，将黄金茶产业作为脱贫支柱型产业进行打造，搭上全县茶文化推广的脱贫快车。目前已建成1050亩（70公顷）的产业基地，并用以奖代补的形式进行产业推广，充分实现了人均一亩茶的布局目标。最后，不只发展内部产业，还拉动外部产业投资，引进大米加工和种猪站项目，实现在使本村受益受惠的同时辐射周边村落共同脱贫的最优效果。大米加工项目现已建成加工厂房，找好了供粮基地，初步预测于 2021 年投产增值，真正做到了脱贫依靠产业增收，产业带动全村摘帽，优质产业创造美好生活。

2020 年是脱贫攻坚的收官之年，作为已实现摘帽的岩锣村要时刻谨记发展的良方，把握住劲吹的东风，谨防再复贫的情况。万事俱备的岩锣村需要依靠产业发展的这一股东风巩固脱贫成果并向乡村振兴方向努力发展，实现全面迈进美好生活新时代的理想。

在花垣这片广袤的土地上，有说不完、道不尽的秘密。从神奇的响石到樟树下的话聊，从扶贫队的人文关怀到张大叔的摘帽秘籍，再到万事俱备、东风劲吹的脱贫夙愿终而实现，岩锣村在党组织与村民的不懈奋斗下谱写出了脱贫致富的华章，于绚烂的山野间奏响起最悠扬的弦歌，传进村寨里的每一户人家。

清晨的鸟鸣清澈悦耳，午后的夕阳温柔微醺，山间的虎耳草黄了又绿，樟树下的孩童欢笑依旧。岩锣村的未来将会在改革开放的春风中焕发出更加蓬勃的生机，将这份恒久的生命力传递到大山中的每一寸土地、每一个角落。

摘帽：苗家贡米助力脱贫的路径选择

第二篇

十八洞水厂模式可否复制

一、“点石计划”的由来

“精准扶贫”的伟大倡议在贫穷而极富魅力的十八洞村被提出后，如同新购置的电脑，开机后立刻激活了存储于其中的软件基因，众多企业家和有志之士都在认真学习和严肃思考。肩负使命感和责任感的湖南步步高集团高层也是这样，他们日夜思考着、谋划着，苦苦追寻。人们常说，“踏破铁鞋无觅处，得来全不费工夫”。就在大家苦思冥想之际，一个妇孺皆知的成语如闪电般神奇地在步步高集团董事长王填脑海里“蹦”了出来——“点石成金”，他激动地喊出了“点石计划”。至于为何只取“点石”二字而省去“成金”，解读者可谓仁者见仁，智者见智。有人说，这是要表现步步高谦逊、谦恭、不愿过度张扬的姿态。尽管如此，因“点石成金”这一成语人人熟知，即使只取“点石”二字，亦能够让人领会到其点石为金的志向。

那时，正值2016年3月全国两会之际，王董根据企业自身大胆尝试和实践所取得的成果，向大会汇报了步步高集团产业发展助推精准扶贫的做法和经验，同时对下一步的扶贫计划进行了全面阐述。按照王董的规划，步步高集团党委成立了“扶贫管理部”，根据精准扶贫的指导思想，制订了详细的产业扶贫“点石计划”，发挥企业的商业渠道优势，以“产业+商业”的模式，打通产业扶贫“最后一公里”。既帮助贫困户发展生产，又利用公司的超市、电商等渠道解决农产品销售难题。

步步高集团党委书记、总裁陈志强也向大家诠释了他心中的“点石”理念和愿景。他说，步步高集团一定要响应党中央和习近平总书记“精准扶贫”的号召，为贫困地区的老百姓做一些实实在在的事。但步步高人也必须实事求是，要充分发挥企业自身的优势。作为湖南及周边地区具有影响力的零售民营大企业，售卖商品、售卖渠道应该是步步高最大的优势和特点。因此，如果立足产业扶贫，在贫困地区发展特色产业，生产高品质的特色产品，通过步步高的销售渠道，把产品卖出去，就一定能让贫困地区的百姓脱贫致富。

是啊，贫困地区生产出来的产品，若是缺少有效的销售渠道，是无法有效销售出去的，那么就会面临“酒香也怕巷子深”的困境，即使有“金子”般的高贵品质，也会被当成石头给埋没了。贫困地区的群众之所以贫困，原因有很多。就产品销售而言，不仅受阻于交通，更主要的原因是缺乏销售渠道，缺乏拓展销售渠道的能力与意识，难以将生产出来的农产品与市场有效对接，因而即使是丰产也难以实现丰收。要想将贫困地区生产出来的金子般的高品质产品“点化”成金，就必须借助外力。山在呼唤，水在呼唤，人更在呼唤……

时代的机遇，终于使一部分的“外力”如使命般落在了步步高集团的肩上。因为，步步高集团自成立以来，在激烈的市场环境中，通过与强大对手竞争和拼杀，具备了敏锐把握市场动态的意识与能力，建成了具有巨大影响力的商业帝国，拥有了将贫困地区生产的高品质产品销售出去、为贫困群众和消费者取得双方均满意的价格的能力，也就是说，步步高拥有实现点“石”成“金”的巨大优势和能力。

“点石计划”的大背景

“点石计划”无疑是一个大手笔的构想，这个大构想并不是步步高集团高层的突发奇想，而是他们深思熟虑和调查研究后的理性表达。

时间回溯至2012年11月8日，党的十八大在北京人民大会堂隆重召开，2020年我国要全面建成小康社会的目标，被庄严地写在了大会的报告上。这不仅是中国共产党对人民的庄严承诺，也是执政党义不容辞的责任，更是中华民族走向伟大复兴的必由之路。

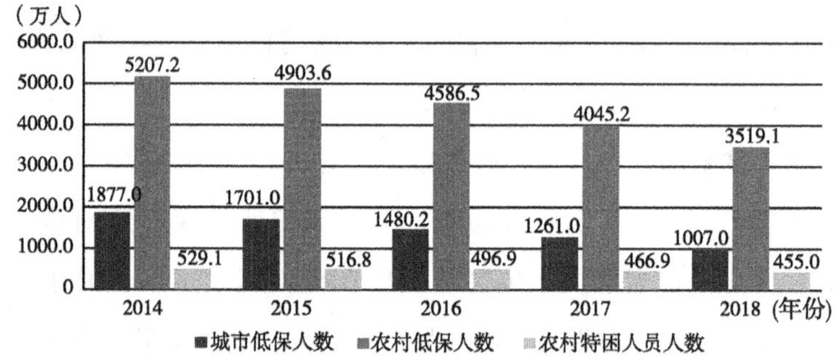

图2－1　2014—2018年城乡低保对象、农村特困人员情况

资料来源：民政部统计公报。①

从图2－1可以看出，这是一张来自国家民政部的统计报表图。短短几年间，我国各类型的贫困人口数量几乎在直线下降，数字不仅真实地反映了这些年我国扶贫脱困的显著成效，更透露出广大党员、干部和群众努力奋斗的艰辛和付出。习近平总书记说得好：“幸福都是奋斗出来的。”把蓝图变为现实，无不呼唤不驰于空想、不骛于虚声的奋斗精神，无不需要一步一个脚印的踏实工作。天道酬勤，信哉！真哉！

通过改革开放40多年的接续奋斗，中国共产党领导人民让7亿多人口摆脱了贫困，创造了人类减贫史上的奇迹。尽管如此，出于多种原

① 此公报指《2018年民政事业发展统计公报》。

因，仍有一部分生活在“老少边穷”地区的民众处于贫困状态，难以依赖自身力量摆脱贫困。这无疑需要国家和社会对这些贫困人群施以援手，精准扶贫，以促其发展生产，摆脱贫困，改善生活，走入小康社会。小康社会是一个共同富裕、共同发展的社会，这是新中国几代人为之奋斗的理想目标。2020 年是全面建成小康社会和“十三五”规划的收官之年，全面建成小康社会一个都不能少。时间越来越紧，任务越来越艰巨，虽然新冠肺炎疫情的突然暴发，在一定程度上影响了我们既定的节奏和步伐，但我们的决心和信心坚如磐石，不达目标，决不放弃！

减贫是一个历史性、世界性的难题。世界银行行长金墉曾评价中国扶贫事业是“人类历史上最伟大的事件之一”。国际舆论也认为，中国能在这么短的时间内完成如此大规模的脱贫任务在世界上没有先例，中国式扶贫的温暖故事和伟大壮举，为全球范围内消除贫困提供了可供借鉴的答卷。在这个“答卷”里，“精准扶贫”无疑是最亮丽的答案。

“时代是出卷人，我们是答卷人，人民是阅卷人。”为了回答时代的命题，2013 年 11 月 3 日，习近平总书记来到了一个名叫十八洞村的苗寨，这里远离喧嚣，青山绿水，民风纯朴，自然风光旖旎。全村有 6 个村民小组，225 户 939 人，人均耕地约 0.06 公顷，是一个典型的苗族聚居贫困村。习近平总书记的到来，不仅给十八洞村带来了最暖心的关怀，也为中国式扶贫提供了最佳的答案——“实事求是、因地制宜、分类指导、精准扶贫”。习近平总书记强调，发展是甩掉贫困帽子的总办法，贫困地区要从实际出发，因地制宜，把种什么、养什么、从哪里增收想明白，帮助乡亲们寻找脱贫致富的好路子。总书记明确指出，扶贫切忌喊口号，也不要定好高骛远的目标。“不要搞特殊化，但不能没有变化。”“不要堆出一个盆景来。”三件事要做实：一是发展生产要实事求是，二是要有基本公共保障，三是下一代要接受教育。各级党委和政府都要想方设法，把现实问题一件件解决，探索可复制的经验。

“精准扶贫”的指示精神极大地鼓舞了一线扶贫工作的广大党员和干部，无论是政府还是企业界人士，他们在实际工作中不断创新精准扶贫的模式和方法。比如，湖南省委和政府不仅为十八洞的产业扶贫工作，也为全省的产业扶贫工作，创造性地提出了“四跟四走”的新思路，即“资金跟着穷人走，穷人跟着能人走，能人跟着产业项目走，产业项目跟着市场走”。产业扶贫是精准扶贫的关键，“四跟四走”是产业扶贫的关键，产业扶贫的主体责任是企业，企业在做产业扶贫时，又必须面向市场，企业只有在产业扶贫中时刻注意面向市场，才有可能使贫困地区群众生产的商品顺利销售出去，实现由商品到货币的“惊险一跳”。

步步高的“点石计划”正是在这样的大背景下孕育而生的。其间，虽然有王董个人偶然的“灵感”触发，但也是时代赋予一个企业的必然选择，更是一个企业履行社会责任的一份神圣担当。

“点石计划”的三步走

步步高集团根据习近平总书记在十八洞村提出的“精准扶贫”指导思想以及湖南省产业扶贫“四跟四走”思路，结合步步高集团自身企业的特点和商业渠道优势，制订了步步高集团产业扶贫的“点石计划”。“点石计划”是在步步高集团过去扶贫实践基础上总结而成的，也是其未来产业扶贫举措的全面阐释和总体规划。它将立足于“产业+商业”的逻辑，积极为贫困户生产的产品走向市场打通“最后一公里”。为此，它实施了产业扶贫的“三步走”战略。

产业扶贫的第一步是科学选择产业项目，这也是最为重要的一步。若产业项目不科学、不合理，产业扶贫第一步便行差踏错，极易出现输在“起跑线上”“一步错，步步错”的局面。贫困地区本来就贫困，缺乏足够的经济实力来承受产业项目选择错误的代价。因而，步步高集团会指导贫困地区科学选择产业项目，以降低错选产业项目的可能性。其科学选择的依据是因地制宜，该项目或契合当地传统，或适销对路，或具有发展前景，这样会极大地减少产业项目落地的阻力，以及突破让项目成果变现的困难。

产业扶贫的第二步是农产品标准化、规范化。一般而言，贫困地区的百姓对农产品标准化、规范化没有太多意识，其生产的农产品品相多样，长短不一，大小不同，轻重有别。农产品因缺乏标准化、规划化，一方面，会降低其整体观感，不利于在市场上卖出好价钱；另一方面，会使运输车辆无法有效装满，进而降低运输效率，增加运输成本。因而指导贫困地区群众，对其农产品进行标准化、规范化处理显得尤为重要。

产业扶贫的第三步是引入加工环节，延长产业链，提高农产品的附加值。若仅仅将生产出来的农产品进行简单的销售，那贫困地区的群众能够获取的附加值则较低，他们也将难以快速脱贫。此外，当市场价格偏低时，没有进行过深加工的农产品因存储时间有限，而不得不忍痛抛售，难以抵御市场价格波动所带来的风险。因此，步步高集团的“点石计划”的第三步是引入加工环节，既有效解决农产品附加值低的问题，同时也为当地提供部分就业机会，使贫困区百姓就近就业、离土不离乡。

“点石计划”的“三步走”战略，无疑是步步高集团对产业扶贫深思熟虑的一个考量，这与计划自身的立足点和定位也不无关联。“点石计划”有五个“立足点”：一是立足于农民，全力为农民代言，帮助农民销售农产品，解决过去贫困地区长期存在的丰产不丰收问题；二是立足于扶贫，抓住国家级、省级贫困县，帮助农民脱贫致富；三是立足于环保，抓住绿水青山做文章，积极销售绿色无污染的农产品；四是立足于政府，与扶贫办合作，打造湖南精准扶贫第一平台；五是立足于公益，拉动城市居民与农民、消费与生产结对子。

“点石计划”有两大“定位”：第一个是基地定位。即以国家贫困县为基地，开展产业扶贫。一方面尊重当地传统，重点发展传统种植、养殖业，而非从头开始、从零开始；另一方面从实际出发、实事求是，与当地的劳动力数量和质量相匹配。此外，产业项目选择要点面结合，以点带面，覆盖面广，既要带动群众脱贫，又要避免战线过长。第二个是产品的绿色定位。贫困地区工业、矿业项目少，甚至没有，许多土地仍采用相对原始的耕种方式，水土环境污染少，这使得发展绿色产业成为可能。为此，步步高集团一方面积极帮助贫困地区群众选择市场需求量大的绿色产业；另一方面鼓励、协助他们对其农产品进行检测，获取绿色、无公害认证，实施品牌化运作，走高端产品路线。这就为绿色产品赚取更多利润，为群众更快脱贫致富提供了可能。此外，发展差异化产品，减少生产过多同类产品，避免恶性竞争，通过差异化产品发展战略避开存量竞争激烈的红海市场。

产业扶贫，重在一村一品。为此，步步高集团锁定若干个贫困村，按照“一村一品”的工作思路，根据贫困村的资源禀赋、传统优势、地理区位，发动群众种植某一种农作物或养殖某一种动物。一村一品的原则将避免贫困村之间的恶性竞争，同时一村一品也将使得一个贫困村能够集中力量发展某一产业项目，进而形成一定的产业规模，实现规模优势，增强竞争力。农民生产出来的产品可以选择自行销售，但若是在遇到销售困难的情况下，则可以借助步步高集团自建的专门扶贫的电商平台来拓展新的销售渠道；与此同时，也可以寻求步步高集团旗下的一些实体超市的帮助，通过对滞销的农产品进行包销的方式扩大销售量，减少损失。

二、“点石计划”之样板工程

2017年4月中旬，时任湖南省委书记、省人大常委会主任杜家毫率团考察白俄罗斯，步步高集团董事长王填也名列其中。在访问途中，一次谈话闲聊到精准扶贫，对步步高集团扶贫“点石计划”早已了解的原省委书记杜家毫，对随团的王填董事长说：能否到十八洞村去看看，看那里有什么产业可以做？以便用产业扶贫的方式，让十八洞村有一个持久的发展，让当地村民脱贫致富。不过发展产业，尽量不要破坏生态环境，最好还能有特色。人常说，言者无意，听者有心。当然，我们无法揣测当时杜家毫书记在“闲聊”中是“无意”还是“有意”，但王董事长“听者有心”了。

2017年4月27日，王填、谢子龙、胡子敬等全国人大代表企业家正好到湘西凤凰县木里村省编办的扶贫点考察。一路上，王填一直惦记着花垣县十八洞村。考察完了之后，王填便马不停蹄地来到了十八洞村，途中，他与随行的步步高集团扶贫管理部总经理邹爱华商量着十八洞村的产业扶贫计划。两人商讨了许久，推演了几个方案，最后也没得出个答案。比如，做湘西腊肉产业，虽然有现实的可行性，但熏腊肉不但需要腊肉场地，还要养猪，这样大规模生产，很可能会污染环境。又比如，做湘西包谷烧米酒，虽然是个看得见的产业，但做米酒厂需要大量的稻米，而十八洞村的稻米产量特别低。再比如，做湘西苗绣产业，虽然有苗族特色，但是十八洞村人整体文化层次不高，很难把苗绣产业做大。思来想去也觉得没有更好的产业来做。最后，邹爱华只能说：“实地调研之后，才能知道什么最适合，不妨先到十八洞村看看再说。”

到了十八洞村，虽早有心理准备，但还是被客观情况吓了一大跳。放眼一看，十八洞村坐落在山顶上，周围沟壑纵横，平地极少，交通不便。要做个有规模的产业项目十分困难。令人无奈的现实条件将原先预设的产业项目给否定了。但王填并未气馁，他在用心挖掘、琢磨着村民们提供的点滴零碎信息，希望从中能找到突破点。

“除了山山水水、树木花草外，我们这里没有什么资源。”十八洞村的原主任施进兰有些沮丧地对王填说。深谙“靠山吃山，靠水吃水”道理的王填，瞬间被施进兰这一句话点醒了，他眼前一亮，便问施进兰：“村里有没有好的水源可以开发?”施进兰想了想说：“有一处山洞，里面有很好的山泉水，就是不知道适不适合开发、利用。”王填听后迫不及待地说：“快带我们去看看!”此时，他的神情之中带着控制不住的兴奋，并对与会领导说：“咱们先不开会，去看水源地去!”

施进兰说的喷出山泉水的山洞在梨子寨下面的山谷里，路很难走，来回估计要用1~2小时。当天，十八洞村正下着毛毛细雨。因道路没有修缮，可谓正宗“水泥路”——有水有泥之路，时而泥泞，时而湿滑，十分难行。采访中，邹爱华回忆起当时的情景说：“这些年，虽然也走南闯北，见得多，但这条山路的艰险，还真是少见。”特别是离山洞最近的那一段路程，人迹罕至，当地村民也很少来。根本没有了路，完全是在大山谷底摸索着前进，四肢并用，连走带爬。要不是有当地村民引路，别说找到这个山洞，就是要原路走出去都是问题。经历了这段泥泞山路的洗礼后，倒也真切领悟到了“其实地上本没有路，走的人多了，也便成了路”的真谛。

经过一路艰辛，一行人终于来到了山洞的水源处。看到喷涌的山泉水，王填兴奋异常。他时而四处跑逐着，时而手舞足蹈，开心之际倒也不忘用手机记录下这处“风景”。也许是真的爱上这儿的山泉水了，他毫无顾忌地匍匐溪前，双手舀起一捧泉水便送入口中，水珠也蹦跳着留在他的脸庞。王填要邹爱华给他拍视频，他一边豪饮，一边不断地感叹着："哇，十八洞的水，又香又甜，神仙水呀，长寿水呀！"临走之际，王填还不忘提醒邹爱华装三瓶水捎走。

回到梨子寨，接下来的座谈会议倒是简单了很多。没有多余的话，王填当即指示做好两个方面的工作：先把刚刚在山下装的山泉水立即送往省里的检测中心检测，如果达到饮用标准，便进行第二步计划：步步高集团愿意投资3000万元建设一个现代化水厂，集中开发十八洞山泉水，用十八洞村的水向党的十九大献礼。同时，愿意为村里支付精准扶贫水资源使用费每年50万元，每售出1瓶水就为十八洞村县扶贫基金捐赠1分钱，每年为村里分红。还解决村里的劳动力问题，给当地缴纳税收。这个项目的名称，就叫步步高的"一号工程"。邹爱华告诉我们：当晚去怀化，王填一路上仍然兴奋异常，不断地拍着他的肩膀说："这是我的一号工程，是陈志强的一号工程，也是你的一号工程。"王填把这个任务交给了集团总裁陈志强。

项目立项了，工作如上了链条的机器般，开始有条不紊地运转：厂房设计，土地流转和租赁，道路建设，机器设备采购与安装……一般而言，水厂建设从立项到完工需要一年半的时间。如果要将一年半的工期压缩到半年，对于任何一个施工建设团队来说都是一个不小的挑战，更何况是没有任何水厂建设经验的步步高团队呢。

加快水厂建设速度，压缩项目建设周期，必然带来建设成本和施工难度的大幅度提高。这对以营利为目的的民营企业而言，无疑是不明智的。但这个向党的十九大献礼的工程意义不同寻常。因为十八洞村是精准扶贫政策的首倡地，如若十八洞水厂在党的十九大召开之前完工，将树立产业扶贫的典范，带动其他企业积极参与到产业扶贫中，助力我国的脱贫攻坚事业。因此，水厂项目的建设具有积极的政治效应和社会效应，而非单纯的经济效应。一叶知秋，见微知著。尽快建设好十八洞水厂，这不仅体现了民营企业高度的政治意识、大局意识、核心意识、看齐意识，也体现了民营企业对党忠诚、为党分忧、为党担责、为党尽责的一份使命和担当。当然，这也反映出了党和政府极强的号召力和动员力，反映出了社会和企业对党和政府好政策的信任和拥护，更反映出了人民的凝聚力和战斗力。

在偏远山区建设项目，道路建设是最大的瓶颈。如若道路不通，施工材料、机器设备等工程物资便无法按时运输到工地。在了解到水厂建设的困难后，花垣县委、县政府主动作为，对项目建设给予了大力支持。县委书记表示，县里一定负责好道路建设，为水厂建设提供基础性保障。花垣县委和县政府的主动作为，极大地降低了水厂项目的施工难度，减轻了水厂建设的资金压力。

水厂建设的具体管理和现场执行工作，是由邹爱华全权负责的。因邹爱华同时要负责湘潭梅林桥生态农场、湖南扶贫博物馆、超市扶贫农产品专柜及步步高集团其他扶贫工作，所以他的工作十分繁重。连日的劳累最终压垮了他的身体。2017 年 5 月下旬的一个晚上，邹爱华正在家里看水厂建设的相关资料，突然间头晕目眩，两眼一黑。他立刻躺到床上来缓解症状，但症状并未丝毫减轻。最终，这名铁打的汉子住进了医院，而这一住，就是半个多月。

由于协调水厂规划设计、设备采购及安装、道路建设、厂房建设、十八洞村等诸多事务前期都是由邹爱华负责的，若他因病暂停了工作，水厂建设将会受到严重影响，甚至面临暂时停工的困境。形势紧迫，即使躺在病床上的他，也不愿将工作耽搁分毫，只好电话办公，一天二三十个电话都是常态。守在医院照顾他的邹夫人对他不顾惜自己身体的行为很心疼，但也无可奈何。

水厂建设不仅面临工期紧、压力大的困难，还面临着恶劣天气的阻碍。天公不作美，七八月份降雨不断。连绵不断的降雨，不仅极大地影响到了工人的施工，也影响到了水厂项目的施工进度。而最大的问题是，持续不断的降雨导致山体滑坡不断，交通也因此不时中断。此外，工期过短，道路来不及硬化，坑坑洼洼又陡峭的“水泥路”成了施工的唯一通道。砂质土壤加上过多的降水，使得路面十分湿滑，污泥遍地。车辆通过此路段时，如果一不小心陷入泥潭，便几乎寸步难移。即使在路面铺上碎石，碎石也很快被压进烂泥中，起不到任何作用。

工程依旧在紧张地进行。2017 年 9 月 30 日至 10 月 8 日，十八洞村水厂工地呈现一片繁忙的景象，步步高集团总裁陈志强亲自坐镇指挥。邹爱华记得，那时陈总的时间非常宝贵，但竟然能在十八洞村这一个地方坐镇指挥这么久，应该是近十年来陈总工作履历中的第一次。不仅如此，陈总还调来了步步高集团的一大堆同事和人马，后来连品牌推广部、公共事务部的全体同事也都来驰援了。“别人说是日新月异，我们水厂是时新天异。”十八洞水厂的一位员工自豪地说。

2017 年 10 月 8 日，十八洞村梨子寨下的山谷里彩旗招展，锣鼓喧天，步步高集团与十八洞村共同打造的十八洞村山泉水厂正式建成投产并举行启动仪式，湘西州委书记叶红专宣布十八洞村山泉水厂正式建成投产。建成投产仪式上，党的十九大代表、步步高集团党委书记、总裁陈志强在介绍该项目建成投产后现场宣布：将水厂 15% 的收益直接给村民分红。同时，水厂劳动用工将优先考虑十八洞村贫困户和村民，并为十八洞村解决劳动就业 30 余人。

2017 年 4 月 27 日，王填找到水源并起心动念建设水厂；7 月 23

图 2－2　十八洞山泉水厂大门一角

日，项目组正式施工建厂；10 月 8 日，水厂正式建成投产。回首水厂建设的整个过程，步步高集团这个十八洞水厂项目，从最初动念开始，到最后建厂落地，前后总耗时仅有 161 天！这是步步高人创造的新的世界纪录——“步步高速度!”

是啊，十八洞村在发生巨大的变化：从荒芜的山谷到宽敞明亮的厂房和先进的生产设备，从村民对水厂的犹疑到生产工人充满热情的精神面貌，依靠各组织、单位的通力合作，步步高集团和邹爱华的团队不仅在创造着“步步高速度”，也在打造着“点石计划”的样板工程。

三、岩锣村产业扶贫如何搞

为实现在 2020 年底全面建成小康社会，促进各贫困地区脱贫摘帽，湖南省各级党政机关纷纷与贫困地区实施一对一精准扶贫对接活动，派遣本单位的骨干入驻贫困地区，指导贫困地区积极、自主开展脱贫实践活动。在此背景下，湖南省委组织部与花垣县岩锣村展开对接，以帮助、指导岩锣村村民如期脱贫摘帽。2018 年 3 月 29 日，湖南省委组织部驻村帮扶工作队正式进驻岩锣村。

岩锣村地处武陵山脉中段，四面环山，耕地不足，人均耕地仅0.12公顷。岩锣村是湖南省一个深度贫困村，户籍人口238户、1076人，有建档立卡贫困户87户、365人，贫困发生率为34%，比花垣县全县平均水平高出17%。[①] 2017年，全村人均纯收入仅7200元，村民的主要收入来源是务农以及外出务工，全村的产业结构单一，发展水平较为低下。不仅如此，岩锣村的基础设施缺失、落后，村里第一、第二生产小组间的村路自1999年修成一半后，再也没有任何进展，成了一条断头路。因为道路没有修缮完毕，岩锣村村民运输生活物资、建筑材料等都只能绕路而行，不仅路程远，还费时费力。此外，岩锣村的集体经济非常薄弱，既无支柱产业，也无叫得响的品牌产品。如何通过产业扶贫，让百姓脱贫摘帽奔小康，是摆在省委组织部驻村帮扶工作队面前的头等大事。

“精准扶贫”的思想核心在于“精准”二字，而“精准”则源于因地制宜和实事求是的分析。俗话说“新官上任三把火”，驻村工作的同志们来到岩锣村后，也放了三把大“火”。第一把“火”是科学合理的扶贫规划。因为科学合理的规划能够为各项扶贫工作的开展指明方向，既可避免出现扶贫工作陷入拍脑袋决策、拍胸脯蛮干的无序状态，同时也可使各项扶贫工作能够彼此协调，进而达到事半功倍的良好效果。于是，驻村工作队的同志通过实地调研、上门走访、茶话会等形式，与岩锣村的各方面群众进行沟通，听取了他们的意见和建议，了解了村里的自然资源状况、产业现状、传统优势、社会关系等情况，初步给岩锣村号准了脉、画了像。随后邀请湖南省第二测绘院、建筑设计院、405地

① 王建业．苗寨新气象[N]．中国建设报，2019－02－12(6)．

勘队等单位的专家来岩锣村开展测绘勘探和规划设计工作，最终形成了《岩锣村精准扶贫基础设施建设规划设计方案》。① 制定完基础设施提升方案后，便进入到了计划的落实环节。

俗语云："要致富，先修路。"深知此理的驻村工作队与村两委组织开展了一系列的道路建设和提质工程。比如，针对严重制约岩锣村发展的村路中断问题，驻村工作队与村两委多次深入农户进行思想沟通，多次调整施工方案，最终在 2018 年 9 月将中断了 18 年的断头路给修通了。随后，为方便村民开展农田生产工作，筹集 53 万元资金修建了长达 4 公里的机耕道。该道路的完成，使农业机械进出农田、农业物资运入、农产品输出等的交通条件得到了极大改善。此外，在驻村工作队和

图 2－3　岩锣村的环村公路一角

村两委的努力下，岩锣村争取到了 293.6 万元资金，用于架设路灯、入

---

① 王建业．苗寨新气象[N]．中国建设报，2019－02－12(6)．

户道路硬化等基础工程建设。

因岩锣村四面环山，地处山间小盆地，降水量大，地势低洼，所以内涝一直是困扰当地村民的一大问题。过去，因缺乏强有力的村干部领导，也缺乏足够的排涝工程建设资金，雨季到来时，内涝一直困扰着村民。内涝不仅直接影响到作物的收成，也影响到村民日常的生产生活秩序，还对村民的生命财产安全造成严重威胁。对此，驻村工作队和村两委决定，充分利用本村的人力、物力、财力资源，同时积极向政府争取资金支持，以解决这一积疴已久的内涝问题。于是，村子积极建设排水防涝工程，一方面新建排水明渠和暗渠，另一方面对已有的渗井进行升级改造。

相较于城市地区，乡村地区尤其是贫困地区公共服务配套工程的缺失现象十分严重。作为一个典型的贫困乡村，岩锣村过去既没有文化广场和演出舞台，也没有公共厕所，甚至连小小的乡村路标都没有。长期缺乏基本公共服务配套设施的人们，虽然意识不到自己的生活是多么需要这些设施，这些公共设施能在多大程度上提高自己的生活质量，但是他们一旦拥有了这些公共服务配套设施，便立刻有了生活质量和水平得到极大提升的获得感。小康社会是人们追求共同富裕、普遍富裕社会的目标。在这美好的社会里，岂能允许因地处偏僻而无基本的公共服务设施现象存在呢？于是，驻村工作队和村两委决定，筹措 45 万元资金，积极完善村部的公共服务配套设施，为日后岩锣村村两委工作的有效运转，为更好地服务村民百姓提供良好的环境。此外，岩锣村还积极推进村医疗卫生室、村民活动室、乡愁馆、公共厕所等标准化建设，打通服务群众的“最后一公里”。

第二把“火”就是坚持“扶智”与“扶志”不放松。只有将扶贫工作与扶智、扶志工作结合起来，才能真正实现贫困群众脱贫致富。只有坚持扶智扶志不扶懒，才能从思想上解决深层次的贫困问题，才能激发出贫困群众追求美好生活的内生动力。开展“扶智”工作将增强贫困群众依靠自身发展、脱贫致富的能力，转变过去因自身能力不足而难以谋生、不得不依赖社会救助的局面。开展“扶志”工作则有利于增强贫困群众靠自己努力工作而脱贫致富的内生动力，以杜绝在“等、靠、要”思想作祟下，用扶贫资金养懒汉的现象。

在基础教育领域，“扶智”工作主要表现为全力保证来自贫困家庭学生的入学率，保证其能够接受良好的教育，为其未来的发展打下坚实基础。对于大多数贫困家庭而言，经济实力不足是导致孩子陷入教育困境的最大原因，正是因为贫困家庭教育投入不足，才使得贫困家庭学生接受教育的水平、质量明显偏低，使贫困家庭的孩子更容易输在起跑线上，更难获得成功。因而，扶贫工作的开展最重要的一点还是要着眼于提高贫困家庭学生的教育质量。十年树木，百年树人。短期内来看，在基础教育领域的扶智工作有可能成效不是很明显，但从长期来看，其对个人和社会的发展会产生深远、持久的影响。这将从根本上斩断“穷根”，减少贫困现象的代际传承，提前预防“穷二代”“穷三代”现象的出现。在保证贫困家庭学生入学率方面，驻村工作队、村两委积极参与，以“防辍保学”为主要宗旨，努力将辍学儿童劝返课堂。在提高贫困地区儿童教育质量方面，驻村工作队、村两委还开办了“四点半课堂”，建立了完善的关爱留守儿童的长效机制。

在成人教育领域，“扶智”工作则表现为直接的劳动技能培训，以提高成年劳动力运用现代科学技术从事生产的能力和应对市场供求变化的能力。与对贫困家庭学生实施的教育相比，对成年劳动力开展教育培训，因直接针对贫困家庭的现实困境，更有利于提高贫困家庭的收入水平，直接改善贫困家庭当前的生活状态。驻村工作队一方面积极开展

图 2-4　岩锣村的小朋友在环村公路上玩耍

“科技助力精准扶贫考察学习活动”，组织村两委和村民代表“走出去”，参观考察产业基地，学习借鉴他人成功经验。这极大地拓宽了村两委和村民的发展思路，使得大家萌生了脱贫致富的强烈愿望，进而在岩锣村涌现出了一批产业大户。另一方面驻村工作队特别注重“引进来”，充分利用自身的人脉关系，先后 10 余次邀请农业专家到岩锣村为村民进行专项技能培训，提高了贫困群众的种植技术和劳动技能。

脱贫致富没有捷径可走，没有顺风车可坐，如果光知道“等、靠、要”，不通过自身努力来获得物质生活来源，表面上看好像占了便宜，实际上意味着失去了个人获得更好生活的机会，到头来只会一无所获。为此，驻村工作队开办了“脱贫攻坚讲习所”，每个月召开一次群众会议，让脱贫群众代表现身说法，给其他贫困群众讲述其脱贫的成功经验，以增强其他贫困群众脱贫的信心和决心，为他们的脱贫实践提供有益的借鉴和参考。另外，驻村工作队连续两年组织召开了全体村民参加的总结表彰大会，开展“最美农家”“脱贫先锋”“创业能手”等评比活动，选出群众身边的先进农户和个人，使之成为全村的学习榜样，以激发村民敢为人先的志气，进而在全村形成“好日子是奋斗出来的”的共识和良好氛围。与此同时，驻村工作队还带领村两委修订、完善了村规民约，对村子里的陈规陋习开刀，以达到移风易俗、弘扬文明新风尚的目的。对于给贫困群众带来巨大经济压力的无事酒、高礼金等问题，驻村工作队和村两委高度重视，共同开展专项治理。

第三把“火”也是最厉害的一把“火”，就是加强村党支部建设。村党支部是党在农村的基层组织，是党在农村全部工作和战斗力的基础，是村各种组织和各项工作的领导核心。村党支部的工作直接面向群众，与群众直接接触，在发展农村经济、带领人民群众脱贫致富和走向全面建成小康社会中处于中心地位。若是缺少一个强有力的村党支部，乡村经济将因缺乏有力的领导而陷入到无序中，村级经济的持续、快速发展将无从谈起，全面建成小康社会更是难以实现。

驻村工作队深度调研后，发现岩锣村的村级领导班子较为薄弱，班子不健全，存在班子成员缺额的情况，村两委的 4 个村主干没有一个是能人大户，村干部在村子里缺乏威信和影响力，说话没人愿意听，做事没人愿意跟。俗话说，千难万难，有个好支部就不难。驻村工作队决心加强基层党组织建设，帮助村党组织“去软”“治弱”。为此，驻村工作队和镇党委一起分类、分组摸底调查和谈话，认真研究并制定补选工作办法和实施方案，在村内广泛宣传发动，呼吁广大村民积极参与投票。最终，两委班子的补选工作顺利完成，群众公认的、年富力强的能人大户进入到了两委班子中，解决了村里主要干部缺乏能人大户、班子成员缺额问题。

除了加强村两委的组织人事建设，驻村工作队还十分注重加强村两委的工作制度建设和思想认识建设。首先，驻村工作队要求村两委在工作中严格落实支部党日等基本组织生活和“四议两公开”制度，制定了岩锣村 17 条合格党员标准。17 条合格党员标准作为党员积分管理和民主评议党员的依据。

其次，驻村工作队在岩锣村大力推行“互助五兴”基层治理模式，给党员干部划出专门的环境卫生责任区，组织党员干部定期开展义务劳动。开展义务劳动既有利于增强党员干部服务人民群众的意识，又有利于造福乡里、改善环境，同时还能提高党员干部在群众中的认可度、满意度、威望和影响力。

最后，驻村工作队认真组织“不忘初心、牢记使命”主题教育活动，每年“七一”建党节组织党员到十八洞村参观，学精准扶贫思想，看乡村发展变化，找两地发展差距，寻岩锣发展路径。两年多来，岩锣村的党员干部重新拾起了发展信心，重新在群众心中建立起了威望，村里各项事务得到了顺利处理，各项扶贫计划得以顺利落地。此外，关系人民群众切身利益的各种大小事务，处处活跃着党员干部的身影，“跟支部干事，向党员看齐”成为村民们的自觉行动。

湖南省委组织部的驻村工作队经过一段时间的努力工作，采取了一系列帮扶措施，极大地改变了岩锣村的村容村貌、乡风民俗和村民的精神状态。尽管驻村帮扶工作已经取得明显的成效，但距离岩锣村整体脱贫摘帽、获得稳定发展能力仍有较大的距离，驻村工作队没有因此放慢扶贫工作的步伐。驻村工作队深知，要让岩锣村可持续发展、实现整体脱贫摘帽，必须要发展一定规模的产业，通过产业带动，才能让百姓永久脱贫致富。因而，引进产业扶贫项目并使之顺利落地实施，是驻村工作队接下来工作的重中之重。

岩锣村的优势是什么？如何将岩锣村的优势利用起来？岩锣村到底发展什么产业？岩锣村又能发展什么产业？如何将合适的产业引进岩锣村，并让产业项目得以落地实施？这一系列问题萦绕在每一个驻村工作队队员的脑海中，困扰着每一个驻村工作队队员，让每一个驻村工作队队员吃不好、睡不香。时间在考验着每一个驻村工作队队员的智慧。

种植西瓜、药材、茶叶等农作物？岩锣村本来就有发展这些产业项目的历史经验，所以这些项目上手应该不难，但岩锣村的全村耕地面积仅 1950 亩（130 公顷），耕地面积严重不足，难以形成规模优势、产业优势。此外，种植农作物易受天气影响，农民抗风险能力差，存在较为严重的“靠天吃饭”现象，难以稳定、持续地给农民创造高额收益，助力岩锣村村民脱贫致富。因而，可以种植西瓜、药材、茶叶等农作物，以充分利用当地的土地资源，同时作为提高村民收入的重要途径，但绝不能仅仅依靠这些产业项目，还需要开辟新的产业项目，以降低气候对岩锣村经济的影响，增强收入增长的稳定性和可持续性。岩锣村还能发展什么合适的产业项目呢？

正当驻村工作队队员苦苦思索、寻觅合适的产业扶贫项目时，想到了步步高集团。因为步步高集团热心于社会公益事业，已经做了很多产业扶贫项目，如在十八洞村成功建设了水厂项目，在塘代村建设了红薯粉厂，在蛟洲村建设了养鸡场……因而，将步步高集团的产业扶贫项目引进岩锣村，让其在岩锣村复制十八洞村水厂的模式，在岩锣村建设一个水厂，应该是一个不错的产业扶贫项目。2018 年 5 月，省委组织部肖百灵副部长与步步高集团王填董事长进行了直接沟通，步步高集团初步确定将在岩锣村复制十八洞村水厂的模式来建设岩锣村水厂。

当确定引进步步高集团复制建设十八洞村水厂项目后，曾经困扰驻村工作队许久的寻找合适产业项目，并使之顺利落地的问题迎刃而解，驻村工作队也因此松了一大口气。根据十八洞村的水厂模式，岩锣村将以土地入股的形式参与水厂的筹建，每年可以获得 50 万元的保底分红，这对岩锣村的持续发展、持续获得稳定收益、分享水厂的发展成果十分有利。因而，驻村工作队、村两委积极为项目征地，做好“三通一平”工作，[①] 为项目的成功落地创造好的基础条件。

好事多磨难，天不如人愿。在具体筹建过程中，水厂项目遇到了难以克服的困难。建造水厂需用大量的、持续稳定的高水质水源作为饮用水生产的原材料，这对饮用水厂的选址、发展起到决定性作用。岩锣村虽有山泉水，但山泉水的水量较小，且岩锣村的生产、生活用水都取自这山泉水，若是水厂从山泉水中取水，有可能造成村民生活、生产用水得不到满足，势必激起水厂与当地村民的矛盾，有可能直接造成水厂取水量不足，水厂无法正常生产。更重要的是，在旱季，山泉水有长达两个多月的枯水期，山泉水会断流。若是以山泉水为水源，也就意味着水厂会有长达两个多月的停工停产期，这对水厂的持续、稳定经营是致命的，也是无法接受的。显然，直接取用岩锣村的山泉水是不可行的。

取用山泉水不行，可否取用地下水？基于这个想法，驻村工作队和步步高集团邀请 405 地质勘探队来到岩锣村进行地质勘探，以求寻找水量充足、水质优良的水井。他们从 2018 年八九月份便开始打井寻水，一直延续到了 2019 年 2 月份，一共打造了八九口井，但是最终的问题

① “三通一平”，即通水、通电、通车、平整土地。

要么是水量不足，无法满足矿泉水生产的需要；要么是水质不行，硝酸盐、硒元素超标。405 地质勘探队的勘探结果还显示，岩锣村的地质构造不适合大量蓄水，因而岩锣村的地下水是相对比较匮乏的。这些问题对于水厂建设无疑是个坏消息。

取用地表的山泉水、地下水都不可行，岩锣村的水厂建设陷入了绝境。然而，水厂的建设用地都已经征收完毕，也投入了较多资金，甚至连土地都早已平整完毕。若是此时选择放弃这个产业项目，便意味着前期的所有投入都彻彻底底地打了水漂。更重要的是，若是继续推进水厂项目，那么矿泉水的产量、品质都难以获得保证，水厂未来的经营也很可能会十分艰难。究竟是继续推进水厂建设还是放弃这个项目，驻村工作队、步步高集团陷入进退两难的境地。此时，一直关心岩锣村产业扶贫的省委组织部领导在了解了水厂项目的困境后，随即对步步高集团、驻村工作队做出指示，要求他们一个月内拿出产业扶贫项目的转型方案，继续推进岩锣村的产业扶贫。

"路漫漫其修远兮，吾将上下而求索。"寻求步步高集团的帮助以求岩锣村水厂的成功建成，让驻村工作队短暂轻松了一段时间，但究竟还能轻松多久，无疑还要通过时间来验证。

事实上，当时工作队队员们所处的工作状态，无异于重新回到了寻找合适产业项目的起点。不同之处在于此时此刻，他们明显承受着比上一次更大的心理压力。与上一次稍有不同的是，步步高集团产业扶贫管理部的员工也参与到了这次寻找合适产业项目的思考、讨论和行动中来，人力资源丰富了，大家凝心聚力，也就更有利于集思广益，更有利于拓宽寻找产业项目的思路。

四、产业的抉择

为了让岩锣村村民尽快脱贫摘帽，并在摘帽后能够实现可持续发展，省委组织部派驻岩锣村的扶贫工作队与民营企业步步高集团共同努力，积极寻觅、谋划替代水厂建设的合适的产业扶贫项目，为此可谓煞费苦心。

他们起初的计划是建设一家蔬菜面条厂。主要考虑的因素有：首先，蔬菜面条厂建设的成本、难度都不是特别高，也不需要过多的建设和运营资金；其次，蔬菜的种植技术门槛较低，这样可以保证项目具有较高的覆盖面，也可以更为广泛地带动当地农民脱贫致富，其辐射效应更能普惠更多地区，最终能为整个岩锣村的脱贫摘帽做出较大的贡献；再次，建设蔬菜面条厂也可以提高岩锣村当地就业率，实现“离土不离乡”，就近就业与谋生使广大村民在获得较好收入的同时还能够合理照顾家庭，此举有利于解决外出务工可能带来的未成年子女管教缺失，以及老年人照顾缺失等严重社会问题；最后，种植蔬菜还能够充分利用岩锣村的土地资源，减少当地土地资源的闲置与浪费。总之，建设蔬菜面条厂的优势很多，蔬菜面条厂项目似乎适合替代水厂项目。但建设蔬菜面条厂也有一些弊端：面条厂需要大量的小麦作为原料，但南方基本不生产小麦，小麦面粉多产自北方，这就意味着原材料的供给依赖于远距离的运输，将增加蔬菜面条厂的单位生产成本，给蔬菜面条厂的市场竞争力带来负面影响，进而降低蔬菜面条厂产量和销售量。基于这一层面的考量，他们最终决定放弃建设蔬菜面条厂的想法，根据优中选优的原则，决心寻找出更优质、更合适的产业扶贫项目。

其实，步步高集团扶贫管理部和驻村工作队曾经商议过在岩锣村兴建一个腊肉加工厂，如同当年想在十八洞村做腊肉加工一样。因为湘西腊肉十分有名，也是湖南地区的一道特色菜，拥有较为广阔的销售市场，这是兴建腊肉厂的优势，但兴建腊肉加工厂亦有不足之处。腊肉加工厂每年需要消耗大量的猪肉，而岩锣村附近缺少大型养猪场，若是从外地运输猪肉过来加工，运费将会是一笔不小的开支。若是在岩锣村建设一个养猪场，以满足腊肉加工厂的生产需要，又会带来较大的环境污染问题。另外，腊肉属于一种季节性的产品，销售期主要集中在农历春节前后 3 个月，因而也就决定了腊肉的生产与加工时间只有 3 个月左右，另外的 9 个月则基本处于停工停产状态。而这长达 9 个月的停工停产，对于企业的运营和发展及员工的稳定就业来说，都将有极大的负面影响。经过权衡利弊，最后决定放弃这个项目，继续寻找更为合适的扶贫项目。

后来，步步高集团扶贫管理部与驻村工作队商议，计划在岩锣村兴建一个猫耳朵（俗称小花片）食品加工厂。兴建猫耳朵食品加工厂，除了能够更好地利用当地生产的农产品，为当地农产品提供销路外，还能直接或间接地带动当地村民就业，增加当地居民收入。然而，在后续的讨论与考察中，人们发现猫耳朵食品是一个非常小众的零食，如若成功开拓这样的一个小众市场，使得猫耳朵食品能够直接触及目标消费群体，就需要投入大量的资金和营销人员去培育销售渠道。更为重要的是，猫耳朵食品前几年在步步高超市的总体销售并不景气，甚至还面临着不小的亏损。因而，猫耳朵食品加工厂的经营风险很高，如果不能及时培育出高效的销售渠道，很有可能面临着破产的风险。所以，最终这个方案也不得不被放弃了。

那么，究竟应该如何发展适销对路的产业扶贫项目呢？从根本上而言，还是需回到习近平总书记关于“实事求是，因地制宜，分类指导，精准扶贫”的指示精神上来。随着时间的推移，经过工作人员的苦思冥想、调研寻觅，一种着眼于岩锣村的交通区位优势，一个称之为“民以食为天”工程的苗家贡米加工产业项目的新思路慢慢浮现在决策者的脑海中。

第三篇

大米催生的摘帽工程

一、得来全不费工夫

水本无华，相荡乃生涟漪；石本无火，相击而发灵光。世间所有被冠之以美好的事物，非一朝一夕可铸就。中华上下五千年之文化，于时光穿梭中雕琢成器，非一时之工。如今的中国速度，是千万人于磨砺中翻腾之果，非一蹴而就之力。当下中国的扶贫成果，亦是一家一户的奋斗凝聚。以岩锣村米厂建设工程为例，便是缘于多方思想的激烈碰撞，非简言可括。

“山边幽谷水边村，曾被疏花断客魂。”薄雾清晨，漫山雾气似绸带般环绕天际，绸带的两端，似是无形又有形，系着这连绵山川。抬眼望去，好似水墨被鬼斧神工肆意泼洒在这无瑕宣纸之上，浓、淡、清、浊，晕染在这幽谷远山，无一不让人深觉惬意。日出之际，便见那缕缕阳光透过晨雾，于无人知晓之处，洒下一两点晕色，映着这广袤田地。此景此象，是初来岩锣村米厂时的我们所感受到的最强烈的震撼！

2020 年 7 月 17 日清晨，我们伴着和风抵达此次调研的目的地——花垣县岩锣村米厂。站在工厂外，一种米的清香扑面而来，完全没有城市中工厂的尘土飞扬之感。走进工厂，一只通体淡黄的小狗一直尾随，好像在欢迎着我们的到来。走进米厂的文化展厅，映入眼帘的是苗家大米春耕、夏种、秋收、冬藏的一幅幅画卷，每一幅画卷都在无言地诉说着此地农耕文明的衍生与发展。后来，我们向岩锣村米厂的副厂长了解到了大米的加工包装等一系列工艺，这不免让我们感到好奇，为什么当地放弃了以其他附加值更高的产业来推动扶贫进程，反而最终选择了大米加工这个产业链相对较短、附加值相对较低的项目呢？

“踏破铁鞋无觅处，得来全不费工夫。”岩锣村选择通过建设大米加工厂进行产业扶贫，是偶然亦是必然。

事情的发展绝不是一蹴而就的，需要慢慢去探索、去发掘，对于超出我们认知范围的领域，更需要一步一个脚印的踏实，方能得其奥秘所在。对于未知事物，如何去探索学习，首先需要的便是秉持一种学无止境的态度。就如同岩锣村选择了米厂工程一般，个中艰辛难以言表。尽管如此，或许我们能从湖南步步高集团及省委组织部的具体举措中窥探一二。

“在建设米厂之前，我们设想过无数种让岩锣村摆脱贫困的方法，但是无一不以失败告终。”在采访湖南贡米农业有限公司总经理邹爱华时，他如是说。办蔬菜面条厂，因原料运输路线长宣布失败；办腊肉加工厂，因季节性产品难以从根本上扶贫，无疾而终；做猫耳朵食品加工，则因销售市场狭窄而从计划中除名。种种方法的失败都好像在预示着如岩锣村这般位置偏远、民族特色不够明显的贫穷村落是不可能实现脱贫的，这些迹象让步步高集团领导以及驻地扶贫队领导有了强烈的挫败感，以及对于未知未来的恐慌。

而此时，省委扶贫办对省委组织部的扶贫点岩锣村又下达了新的扶贫指令。据悉，步步高集团曾在湖南师范大学原党委书记李民的牵线搭桥下，对湖南师范大学扶贫点——绥宁县插柳村开展过产业帮扶，因此李民书记跟步步高集团相关领导有着深厚的感情。后来，李民书记转任省委组织部常务副部长，他听闻步步高集团也想在岩锣村开展产业扶贫，便特意前来调研，在了解了相关情况之后，李民书记建议步步高集团在结合岩锣村实际的基础上，按照上级指示对该村进行产业扶贫，并建议调整原来设想的项目，且要求在一个月之内，提出新的符合当地实际的产业扶贫项目来。省委组织部领导的要求，无疑加重了步步高集团扶贫的压力。

幸运的是，天无绝人之路。在省委扶贫办和步步高集团苦寻不得其法之际，一个来自他人的灵感在机缘巧合之下迸发了。一天，邹爱华与朋友一起参观某建设场地，将所遭遇的困境于无意之中向朋友提及，他的朋友随即蹦出一个想法，大致意思是他家乡有一家米厂，原先经营效益不错，后来因资金周转问题被迫关闭了，岩锣村是不是也可以建个米厂呢？朋友兴办米厂的提议，对于邹爱华而言是一个莫大的启发，他突然联想到自己曾在花垣县吉卫村尝过的贡米，其品质风味俱佳，堪称一绝，或许岩锣村的产业扶贫从此处入手，是一条“终南捷径”。

一个伟大构想的产生，有时并非是久经深思的结果，而往往来自机缘巧合的理念碰撞，现实生活中常常存在这样戏剧化的一面。邹爱华朋友关于兴建米厂的一番话语，其本质恰恰与习近平总书记关于扶贫的十六字箴言不谋而合：“实事求是，因地制宜，分类指导，精准扶贫。”这不仅仅是思想理念的高度契合，更是产业扶贫的精髓所在。在岩锣村兴建米厂的实用性就在于，可充分利用岩锣村交通便利的优势，将花垣县周边的苗家稻米集中于此地统一加工，从而盘活岩锣村的产业链。与此同时，凭借着步步高集团强大的销售网络，可扩大市场份额。由此可见，在岩锣村兴建米厂真是一个可行之举。正确、科学、可行之事，须立即付诸行动。于是，邹爱华连夜向步步高集团总裁递交兴建米厂的项目申请书，而项目很快获得了公司总部的一致认可。

项目申请的中心思想，简而言之，即为步步高集团以产业扶贫方式，激活贫困地区生产劳动力，通过兴建苗家贡米加工厂，打造高品质、科学化的脱贫支柱产业，为岩锣村村民探寻一条增收的有效途径。苗家贡米，一碗留香。优选的贡米系列产品，必须饱含一种品质、一种精神、一种情怀。因此，苗家贡米的生产应遵循自然与发展相结合，秉持“生态、有机、环保”的理念，强调不以消耗土壤有限活力为代价来刻意追求大米产量的最大化。

为了将土壤恢复到最原始状态，以求维持后期持续性的大规模生产，该项目首先要求当地村民统一放任土地自然“撂荒”几年，“撂荒”期间的田地不种植任何农作物，利用土壤自我修复能力，降解土壤中的硝酸盐、重金属和农药残留；其次要求在种植环节，追求以传统的种植方式来获取绿色高品质的产出，比如，灌溉必须用清甜的山泉水，放弃使用农药、化肥、除草剂等具有残留性的化学产品；最后要求整个种植、生产、加工环节都严格执行国家规定的质量控制标准，以确保每一粒苗家贡米的黄金品质，使每一位悉心品尝其中风味之人都能感受到它的鲜、香、软、糯，从而提升消费者的食用效果。

之所以对该项目提出如此严苛的要求，原因也是多方面的：一方面是为了实现产业扶贫岩锣村的需要；另一方面是为了实现“步步高集团要种最好的苗家贡米”的目标与初心。因此，必须坚持传统的耕种方式，坚守品质初心去生产纯天然的优质大米，让稻米中利于人类食用的营养最大化留存、保全和保鲜。同时，要让更多的人知晓，好大米不应只作“贡米”，只出现在人们的记忆里，而应扩大市场和提高知名度，使“贡米”为更多的普通百姓熟知，并在日常生活中享用。

或许有人会质疑步步高集团实施如此产业扶贫的贸然举措，或许有人担忧决策唐突背后的风险。然而，风险和机遇往往是共存的。兴建米厂的决定，也许是一种巧合，是一个偶然，然而巧合与偶然的背后，正是用实践检验其真理性存在的必由之路。正是因为有步步高集团、省委扶贫办、省委组织部驻岩锣村扶贫队等领导的多次碰撞、多次探索，才有了偶然、巧合中的必然选择！正所谓“纸上得来终觉浅，绝知此事要躬行”。

实践是检验真理的唯一标准。兴建米厂是否符合岩锣村产业扶贫体系，是否在扶贫路上起举足轻重的作用，仍需时间和实践来印证。邹爱华总经理给集团的项目申请书还只是一个规划和设想。如何高标准、快速建设岩锣村米厂，还有很长的一段路要走。

二、比十八洞水厂更快的速度

“深圳速度”通常被用来形容建设速度之快，也是改革开放中国建设发展的典型代表。“时间就是金钱，效率就是生命”是一则20世纪80年代耸立在深圳蛇口工业大道路口的标语牌上所标记的口号。20世纪80年代的深圳，处于发展的机遇期。1984年，高160米、共53层的深圳国际贸易中心大厦仅耗时14个月便完美竣工，最终创造了“三天盖一层楼”的奇迹，成为当时中国绝无仅有的先例，而自此，国际贸易中心大厦也成为“深圳速度”的象征。

如果说建设深圳国际贸易中心大厦创造了“深圳速度”的话，那么湖南步步高集团建设花垣县十八洞水厂，则创造了“步步高速度”。2017年，步步高集团积极响应国家“精准扶贫”的号召，决定在十八洞村兴建山泉水厂，从筹划到建成投产耗时仅六个月。对于一般的水厂建设而言，至少需要一年半的时间，但是步步高人创造了耗时仅六个月的“步步高速度”，这无疑是一个“奇迹”！当然，“步步高速度”的历史地位与作用非一人一言可蔽之，尚待后人评说。不过，距离2017年创造“步步高速度”不过三年，步步高人兴建岩锣村米厂时，却创造了比建设十八洞山泉水厂更快的建设速度。

其实，兴建米厂的起势也并不顺利。因为岩锣村的实际情况比当初预想得更加糟糕。且不说建设厂房的工期很短，根据省委组织部的指示，米厂必须要在2019年11月前完工，彼时已是7月底，剩余时间极其紧张。仅是工厂的选址、征地、迁坟、平地、水电、设备等工作就千头万绪，遍布荆棘，困难重重。再加上岩锣村地处偏远，建设物资的运输以及参建人员的调配等基础问题一时难以解决，使米厂建设的初期工作开展得异常艰难。

“粉要打就打在脸上，让别人看得清清楚楚。”这是邹爱华在向我们讲述建厂历程时说的一句话。言下之意，邹爱华和步步高集团高层要把建厂工期提前至10月1日国庆节前完成。因为国庆节乃举国同庆之时，如能赶上这一特殊日子，为祖国献上一份厚礼，岂不乐哉？而这几乎又是一个难以完成的任务！是溯流而上，还是转道而止？对于步步高人来说，答案无疑是前者。

“不遇大事不碰难题，衡量不出才能；不遇顺境不遭逆境，考察不出气度。”岩锣村米厂的建设充分展现了步步高人超强的办事能力和组织能力。尽管诸多问题难以解决，矛盾纠纷依旧存在，但是在困难面前，与其犹豫不决，不妨破釜沉舟，勇于实践。面对所有的未知，唯有选择开始，方有揭开迷纱的可能。米厂选址最后定在岩锣村入村口的必经公路旁。但此地段十分“特殊”：其一，这里是岩锣村村民的祖坟之地，不少先人埋骨于此，村民受传统思想观念影响，如要迁祖坟，村民在情感上一时难以接受；其二，这是一个斜坡地段，虽然避免占用农田，但斜坡推平后，土质相对疏松，若建一个200亩（约13公顷）面积的米厂，为防水土流失和塌方，又必须建造护坡，这无疑要增加大量人力、物力和财力，同时要耗费更多时间。面对挑战，步步高人最终也只得迎难而上。

自2019年7月底起，邹爱华总经理和王志勇厂长就全身心地投入到矛盾协调和组织建设过程中。在米厂建设中，除了选址、征地、迁坟、平地、护坡等难题之外，水电问题也是难解之题。据邹爱华介绍，电的问题直到完工前两天，即9月26日才得到妥善解决，此前用的都是临时小电站，供电极不稳定，极易损害设备。至于水的问题，一直以来都无法得到根本解决，无奈只能依靠员工去外地运水，以保持机器设备的正常运转。诸如此类的难题可谓层出不穷，但最终都被一一攻克了。

8月2日岩锣村米厂正式开建，9月28日建成投产，前后不到60天。在这期间，100多名施工人员分成两组，分批进行，不浪费一分一秒的时间，每天加班加点施工到晚上12点，只为了尽最大可能圆满完成上级规定的任务。

“山一程，水一程，身向榆关那畔行，夜深千帐灯。”每一个为米厂建设而努力的人，都仿佛是守卫边关的战士，即使披星戴月，向着月光前行，心中也有着自己的太阳，始终坚信阳光会扫却阴霾，温暖人间。米厂的建设经过众人的山水兼程，最终开花结果，艳羡众人。不到两个月的时间，一座现代化米厂拔地而起，满负荷运转能够达到40吨的加工量。

这样的建设速度无疑是可喜、可歌、可贺的，如果说步步高人当年建设十八洞水厂创造了“步步高速度”的话，那么岩锣村米厂的建设无疑是“步步高速度”的升级版。

速度无疑是重要的，但唯有质量和速度并重，才是最优选之举。当年建设十八洞水厂，步步高人不但创造了“步步高速度”，同时也演绎

图 3－1 岩锣村米厂大门一角

出“步步高质量”。十八洞水厂建设注重自然与可持续发展的双重质量，不仅将十八洞山泉水打造成扶贫的示范项目，还将此项目打造成产业扶贫具有指导意义和参照意义的标杆工程。为了建好岩锣村米厂，步步高人不仅再一次刷新了“步步高速度”，同时也创造了更优质的“步步高质量”。

图 3－2 岩锣村米厂内的现代化设备

的确，步步高集团非常注重精准扶贫的“质量”，这不仅体现在通过产业为贫困地区激活造血功能，也体现在如何对待来自贫困地区产品的优良质地上，但更多体现在对整个农业产业和产业链的形成和发展的关注上。作为一家知名的民营企业，它始终追求的是在这一过程中，如何更好地为用户提供优质的服务，如何尽到自己更多的企业责任。

步步高集团总裁陈志强说得好：“脱贫攻坚的核心在于摸清病因，对症下药，实施精准扶贫。”“授之以鱼，不如授之以渔。企业扶贫不应仅仅局限于捐财捐物，而应当结合企业自身的经营战略、人才和管理经验，实施精准扶贫，实施产业扶贫，通过产业带动百姓脱贫致富。”这番话含义颇深，值得细细品量。

行文至此，步步高集团在岩锣村兴建米厂所创造的产业扶贫的“速度”和“质量”，似乎还有许多值得思量的细节和疑惑：岩锣村米厂能否使当地村民摆脱世代贫困的命运？产业扶贫的道路究竟能走多远？米厂能否带动周边地区摘掉贫困之帽？实践是检验真理的唯一标准，这些问题的答案，不仅需要时间来给出，也需要我们的持续调研才能得到印证。

三、一粒米下“活”一盘棋

有时候，好的开始并非一定预示着成功了一半，只因世人多半是三分钟热度，靡不有初，鲜克有终。然而，打赢脱贫攻坚战，是党中央、国务院做出的重大战略部署，是落实共享发展理念的重要内容，是实现小康社会的重要保证，更是中国共产党向全国人民做出的庄严承诺。

在岩锣村米厂兴建之前，该村的产业仅仅是一些零散的农副产品，村民们大多靠天吃饭，收成的好坏非自我能力所能掌控，基础条件的落后，更无法做到“人定胜天”。加上农副产品的周期短，质量良莠不齐，劳动力缺失严重，这些都是导致岩锣村贫困的主因。不仅如此，村里集体经济少，脱贫无产业，发展无后劲；村级班子弱，说话没人听，办事没人跟，一盘散沙。这样的情状，要带领村民摆脱贫困，奔向小康，其难度之大是可以预见的。

省委组织部扶贫队进驻以后，积极引进步步高集团在此兴建苗家贡米加工厂，并做出三项庄严承诺：一是保证米厂每年收益的15%给岩锣村的村集体，且总数不低于50万元；二是保证招收建档立卡的贫困户家庭劳动力进厂工作；三是保证高于市场价收购岩锣村村民多余的稻谷。这些庄严承诺为岩锣村村民摆脱贫困、壮大集体经济、抵御天灾人祸提供了最基础的保障。不仅如此，作为长期产业的大米加工业，与岩锣村已有的西瓜、茶叶、种猪等产业构成相辅相成之势，就算省委组织部的扶贫队离开岩锣村，产业扶贫也能在此生根发芽，这样让村民不至于陷入“一朝天堂，一朝地狱”的境地。如何让脱贫致富可持续化，让产业扶贫完备化，可谓是精准扶贫的重中之重！

2020年初，当岩锣村支书洪兴佩收到米厂送来的沉甸甸的50万元现金时，心里有一种说不出的兴奋和激动，他的心里压上的不仅仅是金钱上的份量，更是对村里未来发展的无限期许。村集体中多出的这50万元，若是用到实处，可以给村中带来许多福荫。简而言之，便是“小孩不至于因贫穷而辍学，青年不至于因务工而离家，老人不至于因无人供养而孤寡”。这未来的期许画面似乎早已在洪兴佩脑中一笔一画铺就，唯待落笔，便是江山如画也难以满载这美好图景。

真是一粒“米”下活一盘棋啊！岩锣村的教育、医疗、就业，似一粒粒棋珠凑成一盘难解的棋，但是岩锣村米厂在这盘棋局之上，有着千军万马的气势，掌控全局。一子落地，棋局已定。不仅如此，兴建岩锣村米厂还是多赢之举，它让花垣县周边的农业产业这盘常年犹豫不决的棋盘，亦有了必胜的把握。因岩锣村米厂的原料来源遍布花垣县吉卫、子腊等地，甚至凤凰县腊尔山、贵州松桃等地也囊括在内，所以，岩锣村米厂的兴盛能带动更多地方优质米源的复兴。比如子腊香根米受其影响一步步走入了大众的视野，为更多人所知，也为当地农业创造了更大的收益。

岩锣村米厂的辐射带动作用是显而易见的。它让一切无望变成了希望，它并非面子工程，而是实实在在的惠民工程。它不仅实实在在地给岩锣村及其周边地区粮食产业带来了更美好的发展前景，更重要的是，米厂的建设经验还可以在多地推广。岩锣村米厂满负荷运转所生产出的苗家贡米也达不到步步高集团销售总额的1%，这说明特色大米——苗家贡米的加工发展空间仍十分广阔。

岩锣村米厂的建设，给湖南省委组织部驻村扶贫摘帽交上了一份满意的答卷。习近平总书记说：“脱贫致富贵在立志，只要有志气、有信心，就没有迈不过去的坎。”在精准扶贫中，如何改变贫困地区“等、靠、要”的思想；如何激发贫困群众的内生动力，将输血彻底转变为造血；如何鼓励村民由“要我脱贫”向“我要脱贫”转变。岩锣村米厂的建设，不仅做出了淋漓尽致的回答，也为全面小康的征程按下了加速键。

第四篇

摘帽：苗家贡米助力脱贫的路径选择

子腊贡米：农业文化遗产

一、子腊贡米的由来

花垣县地处云贵高原东缘、武陵山脉中段，位于湘、黔、渝三省市交界之地，自古以来就有西南门户之称。全县南北相距 49.5 公里，东西横跨 38.5 公里，总面积达 1108.69 平方公里。全县约有耕地 24533 公顷，水稻常年播种面积约为 9667 亩，主要分布于县内海拔 400 米以上的、距离县城较远的地区。与岩锣村同处一个县城的 20 公里外的子腊村是一个聚居型苗族自治村落，地处云贵高原东缘、武陵山脉中麓，在花垣县的东部，峡谷丘陵，层峦叠翠，依山傍水，风光旖旎，苗族人民世代居住的自然村寨散落在群山环抱之中。

子腊村位于花垣县石栏镇内，原属距离 3 公里的排吾乡人民政府管辖。2015 年 12 月，花垣县将排吾乡和雅桥乡合并改名为石栏镇，子腊村改由石栏镇人民政府管辖，距离镇政府增至约 10 公里。虽然花垣县城距离子腊村只有 35 公里左右，但因山路蜿蜒崎岖，从县城驱车至此需近 1 小时。初次坐车进村，调研团队队员的感受就是崎岖、难走，坡多平地少，同时因地势起伏较大，山路盘旋多弯，身体稍弱或抱恙的乘客很容易出现晕车、呕吐等不适症状。当地村寨的分布较为复杂，毗邻子腊村的村寨较多，包括油麻村、竹子村、龙门村、大猫村、辽求村、夯彩村、董马村。若是没有导航系统，单单是一车语言不通的外地人，想自行找到子腊村是很费劲的。[①]

作为一个有着600多年历史的古老村落，子腊村这一名字的起源，在其后辈中也流传着古老的传说。相传宋末元初，麻大、麻二两兄弟携妻儿自花垣县崇山一带，披荆斩棘七天七夜，抵达子腊村河谷。两兄弟一到这里，便觉得这是块宝地，但是当时烟雾缭绕，他们误以为这是炊烟，认为有人已经在这里定居，于是感叹“来晚了”。“子腊”为苗语，意思是“来慢了”“来晚了”。后来他们发现那些烟雾不是炊烟，只是山林沼泽的雾气而已，于是他们在此定居。子腊村因此得名。

麻大、麻二两兄弟住下后才得知，刘姓家族已经在这里定居多时，麻氏兄弟只得借住。刚住不久，不远处的山岭突然山崩地裂，麻氏兄弟以为龙脉破坏，神灵产生不祥之兆，是要赶他们离开，于是便搬去了不远处的其他村落。多年以后，留在原来村落的麻氏后代在山上听到了鸡鸣声，认为金鸡鸣叫，意在祥瑞，便将家族后人都召了回来；同时发现原来的山体滑坡反而为他们增加了居住的空间，在大家的安排下，性格好的村民住在山下，性格不好的村民住在山上。这样一来，随着时间的推移，子腊村村落和谐、子孙满堂，逐渐发展成了今天的样子。

一箪一壶当思来之不易，一朝一夕饱历草衣木食。面前的食物，可能来自远方的山河大海，亦可能来自数公里外的邻近村庄。无论是靠山还是靠水，劳动者都能凭借自己的智慧，让自己、家人甚至是远方的朋友品尝到当地的独特味道。子腊贡米，就是子腊人民在世世代代的辛勤耕作中农耕文明的结晶。

吉首大学陈茜博士的论文《苗族文化资源在生态扶贫中的价值研究——以花垣县子腊村为例》对子腊贡米的发展历史做了较为详细的记

① 陈茜．苗族文化资源在生态扶贫中的价值研究——以花垣县子腊村为例[D]．吉首：吉首大学，2018：31－33.

载：目前各种版本的《永绥厅志》对“子腊贡米”鲜有记载。但永绥直隶厅志卷之二物产（清代同治版）中明确记有“香稻米”。① 张应和所著《苗鄉探奇》中对“子腊贡米”有类似的称呼：“花垣县排吾乡紫（子）腊村盛产一种优质稻米，俗名香根米……据地方志记载，从明代到清末，香根米一直作为贡米进京，是明清时期宫廷御用的粮食之一。”② 此处的苗家香根米与《永绥厅志》中的香稻米应为当时“子腊贡米”在本地的不同称呼。但能被载入厅志中，说明“子腊贡米”在清代同治年间已经颇具规模和名气。根据清代中期整理记录的麻氏族谱，果哉公（族谱中将长者尊称为“公”）为麻氏居住在子腊村的第一代。麻德立（男，干部）表示，大部分麻氏族人认为，子腊村的历史很可能是从明代开始的，但麻氏族谱记录的祖辈资料并不齐全。由于古代苗族并无文字，也缺少记录族谱的做法，因此清代中期记录的麻氏族谱很可能存在无法找回的断代记忆。麻德立、麻兴金（上一任族谱记录者）、麻祖贤（村主任爱人的爷爷）和麻世明（退休教师）等均表示族谱是清代麻国祥考中举人之后才开始记录的，而麻国祥则是子腊香稻米转变为“子腊贡米”的关键人物。

清代麻国祥之前的子腊村故事大多已无迹可寻。但是，关于麻国祥的故事还有一些留存下来。在麻兴金（男，约 88 岁，陈茜博士 2016 年 7 月 26 日在其家中对其进行采访）、麻世花（男，约 81 岁，调研队队员 2020 年 7 月 19 日在其家中对其进行采访）等多名老人的记忆中，麻国祥的苗族名字叫“五香”，后来对外使用“麻国祥”。因为花垣地区“祥”的发音与“强”相同，所以子腊村村民常误写为“麻国强”。麻国祥是清代子腊村最有名的人物，于道光十七年（1837 年）考中丁酉

---

① 永绥直隶厅志・物产：二卷[M]. 同治戊辰年本. 长沙：湖南日报社，1984.

② 张应和. 苗鄉探奇[M]. 成都：四川民族出版社，1994：164.

科曹德昭榜举人，官临武县学训道。①他曾先后赴临武县等三地任知县。通过采访村中老人得知，麻国祥最为后世晚辈所称道的，是他对“子腊贡米”名声大噪和为自己所在的麻氏支脉求取字班的贡献。

图4－1 调研员采访麻世花老人（左一）

子腊村的大米成为“子腊贡米”的故事，在当地部分村民中仍有流传，且在《花垣苗族》一书中也有记载，具体如下：某次麻国祥赶去省城议事，见宴席的菜肴中摆放有一大盘来自家乡的米饭，饥肠辘辘的他拿过来就大口吃。谁知，同桌的人却责备说：“这米饭是稀罕的美味，应该大家分享。你怎么一人独占？”麻国祥则说：“这哪里配称什么美味？在我的家乡，村民每天都能吃到这样的米饭。”大家不信，麻国祥又分辩道：“在我们那里，祭祀的时候连狗都可以吃，不信你们派人去查验。”同桌的人不服，甚至以为这是麻国祥对自己的恶意羞辱，于是，就当真派人去查看。待调查的人回来复命，才知道麻国祥所说确为事实，众人也才知道这种“稀罕美味”的真正产地。从此，子腊米

① 永绥直隶厅志：三卷[M]．同治戊辰年本．长沙：湖南日报社，1984．

在整个湖南名声大噪。不久，湖南布政使司选送贡品时，也把子腊米作为地方珍品纳入进贡名单。进贡朝廷之后，子腊米又得到了皇家认可。于是，子腊米成为清代中后期的正式贡品。“子腊贡米”也就成为湘西地区远近闻名的特产。根据相关学者的推断，认为麻国祥所说的“连狗都可以吃米饭”，可能是苗族传统文化的一种自然表达，而未必意在羞辱。麻国祥在省城宴席上的“文化传播”行为，对“子腊贡米”的声誉起到了巨大的作用，麻国祥也因而成为推动“子腊贡米”顶盛一时的头号功臣，为后人铭记。

“子腊贡米”之所以能成为“贡米”，与子腊先民们发明的独特水稻种植方法——“铺树造田”息息相关。有学者指出，自然环境既是具体文化的生存依托，又是该文化的制约因素和加工对象。① 劳动人民的智慧往往能成为让后人得以延续百年的生存之道。“铺树造田”技术系统始于宋末元初，其大致工艺是这样的：在峡谷坡面封山育林，在谷底淤泥上铺树造田，然后回填砂土，垒石成岸，引水灌溉，以此构建出林稻相间、多样物种互惠共生的复合种养系统。其独特之处在于，通过“铺树造田”这一特殊的传统技术系统，很好地解决了山区水温偏低等不宜种植水稻的自然环境问题，在类似的高寒山区、水温偏低地区具有较高的参考价值。不仅如此，该复合种养系统可在水稻种植期间与鱼、鸭、蚌、鳝、鸟、蛙等的养殖有机结合。数百年来，这种稻作文化又与苗族巫傩文化、祭祀文化、生育文化、歌舞文化、节庆文化、饮食文化等有机融合和长期演变，逐渐形成一整套生物多样性保护和生态环境良性循环的农业生态体系，是特色鲜明的苗族农耕文化瑰宝。

据子腊村麻老金等村干部介绍，子腊村曾统计的稻田面积为 841 亩

① 罗康隆．文化适应与文化制衡[M]．北京：民族出版社，2007：85.

（约56公顷）。而这些良田所处之地，原本多为积水难排的深水沼泽，崇山峻岭间河谷的深水环境、偏低的气候和水温等并非最适宜水稻生长，必须解决水温偏低和耕地陷落等问题，才能保证稻谷的产量。所以，这些稻田都是苗族祖先们在苗族传统文化指导下的智慧创造和集体改造的结果。而子腊村人之所以能发展延续至今，也全靠勤劳智慧的苗族祖先们发明的铺树造田技术。

由于苗族没有文字流传，子腊村“铺树造田”的历史，目前只在《苗鄉探奇》《花垣苗族》和《子腊贡米序》碑文中有记载。

《苗鄉探奇》记载：“传说最初这儿是一片沼泽，后经苗族祖先们的辛勤开拓，尤其是用马尾松铺作田基，才造就了这片水旱无忧的农田。”① 这一记载概述了铺树造田技术的核心，但它具体起于何时，所用何种树木，目前不得而知。不过，从后来陈茜博士一行人从田底挖出的原木来看，铺做田基的树种，最初很可能以杂木为主。

《花垣苗族》的记载是这样的：“据子腊村老人相传，最先在子腊定居的是果冬、果故和果保几个麻氏兄弟，他们看中了这块两旁深山老林、中间一条大峡谷的风水宝地，便决定住下。因为这条峡谷是沼泽地，不能耕种，他们就伐下两旁松树填在谷底，再铺上厚厚的砂土，改造成现在的块块良田。”② 这里明确提到了果冬、果故、果保三位苗族先民的名字，这种具体到“主人翁”的铺树造田故事，似乎多了一些真实性。

而清末贡生麻阅芜题写的《子腊贡米序》碑文却是这样记载的：“子腊为湘西一拥有六百余年历史之古村落。宋末元初，麻大与麻二兄弟二人携妻儿，自崇山披荆斩棘七日七夜，抵于子腊河谷。当此之时，

① 张应和．苗鄉探奇［M］．成都：四川民族出版社，1994：164.

② 花垣县民族事务委员会，县政协文史委员会．花垣苗族［M］．保靖县印刷厂，1993：276.

树木丛生，蔽日遮天；野猪遍山，虎豹结伴；河流泛滥，沼泥漫泛。兄弟二人斩木结庐于半坡，砌石出岸，导水成溪，伐松木以填泥，代代繁衍相继。迄今，子腊木屋满山，良田满川。麻大、麻二创制之松木填泥，大量松香琥珀浸淫，满川稻米馨香油腻。至明朝洪武年间，崇山卫游击都司始征子腊米进宫贽礼，延及乾嘉于兹为盛。”从这段碑文中，我们不难窥见如下信息：

首先，麻氏兄弟为子腊村的祖先，为建村始祖，麻氏家族是子腊村自然环境的主要改造者和建设者；其次，在麻氏兄弟到来之前，子腊村树木丛生、河流泛滥，是一片沼泥漫泛的深水沼泽地，与现今改造后的人田分布种养系统有较大区别；再次，如今子腊村“木屋满山，良田满川”的人化生态，是麻氏家族汇聚集体智慧“斩木结庐于半坡，砌石出岸，导水成溪，伐松木以填泥，代代繁衍相继”的结果，其中“砌石出岸，导水成溪，伐松木以填泥”就是对铺树造田技术工艺的记录；最后，通过这段碑文，可大致推断子腊村的历史，该碑文约写于20世纪50年代，文中的600余年还需加上后续约70年，故子腊村约有700年历史。

子腊村铺树造田改造环境的历史，虽然至今还在老一辈子腊村民中口口相传，但是一直缺乏具体文献的证明与支持。为此，吉首大学陈茜博士等于2017年1月14日至2月25日，先后多次实地组织稻田探测和挖掘，从多处稻田挖掘点找到了铺树造田的原木，这是证明铺树造田技术存在的极为关键的事实证据。尽管如此，可以肯定的是，子腊村铺树造田的创举是经历了相当长时间的摸索、改良，并代代相传的。据文献推断，很可能从麻大、麻二就开始了，至少历经了前后四代人的不断摸索、创造才总结得出。此后，又经多代人的共同努力，不断扩大铺树造田的战果，终于造出了至今大约为56公顷的良田。

2020 年 7 月，我们调研队成员专门对麻世花老人做了采访，他说自己很小的时候曾亲眼见到过父辈们铺树造田的具体地点，且能用脚感知到田地中树木的存在，但老人并不清楚铺树造田这一技术的起源。除麻世花老人外，在子腊村只有部分老人知道铺树造田的历史传说，但无人能再肯定地指出具体地点。由此推知，最后一次铺树造田的时间很可能是在麻世花老人的幼儿时代，也就是距今 80 多年的民国时期。

一个地方的历史经历与民间传说，对旁观者来说，也许不过是一段无关痛痒的故事而已，但对于那些亲历者和一路传承的子孙们来说，该是溶于血液和骨髓的苦辣酸甜。虽然目前难以确定子腊村铺树造田技术的创造者和确切时间，但是通过铺树造田技术系统生产的稻米，在几百年间一直是子腊村村民的主要粮食，也正是它改变了子腊村苗族先民的农业生产方式，提高了土地的利用率，增加了村民的收入，在调节大气、水土保持、固定和保护碳汇、保护生物多样性等方面，发挥了积极的作用。

无数的岁月变迁，改变了生活在这片土地上的一张张面孔，却未能改变这片土地上的一脉坚毅、热忱，和对村落屋舍、黑土稻田的热爱。数百年过去了，如今我们仍能看到子腊村民在田地间辛苦劳作的身影，恍惚间仿佛能看到苗族先民穿着民族服饰，在田地里齐心开垦、挑战自然的图画。稻花香，田野味，鹧鸪声，农忙季，天高云淡，鸟群低飞，就是这样，子腊村的人民与自然构成了一道亮丽的风景线。

图 4-2　与子腊村吴玉花支书（左一）在铺树造田的稻田里合影

二、一个“疯子”和一群“傻子”

从岩锣村驱车约一小时，便能来到子腊村。村子里最先吸引人的便是村支书吴玉花大姐家门前的一方荷花池，碧波荡漾，流光溢彩，粉璧无瑕，而那池里偶尔翻腾的荷花鱼则为这一幅悠静的图景增添了动感的生机。男主人家 94 岁的祖母坐在宽敞的屋前，执一柄拐杖，光是见到孙媳妇在池旁洗手准备餐食，便足以让她绽放满是幸福的笑容。一屋，一池，一方天地，半生辛劳，换来屋舍俨然，儿孙绕膝。放眼望去，还有不少村民修葺的砖房和屋前停靠的小车，这在数年前是很难想见的。能够有今天这番样貌的子腊村，得益于一个“疯子”和一群“傻子”。这段故事，还要从吉首大学的陈茜博士到来的那一年说起。

2015 年 8 月，花垣县政府实施大部制改革，很多机关单位合并，陈茜从花垣县科技局调到经济和信息化局（简称经信局）任副局长，俨然一个事业有成的政治新星，其仕途非常令人看好。当时经信局有两大重点工作，一是精准扶贫，二是同建同治。让人意想不到的是，陈茜选择了前者，放弃上有老、下有小的温馨幸福的家庭，甘愿到偏僻的乡村做扶贫工作。陈茜做出这个选择，着实让她的同事们都为她捏了一把汗：一个年轻有为之人，对精准扶贫工作毫无经验，这无疑是一个“高危”选择。不仅如此，前一年她还报考了吉首大学生态扶贫专业博士研究生考试，一考试真还中了。陈茜决定挑战精准扶贫这块难啃的骨头，希望在进行扶贫的同时，把论文写在田野上，完成博士学业，做到一举两得。当时的她或许未曾料到，自己的这个决定对子腊村、花垣县甚至是湘西苗族自治州的脱贫之路会注入怎样巨大的动力。

图 4-3 调研队员在子腊村部与花垣县委副书记彭学康（右三）、陈茜博士（右二）、吴玉花支书（左三）留影

陈茜在吉首大学攻读的是民族学博士学位，研究方向是生态扶贫理论创新与应用，据说吉首大学这个生态扶贫方向博士点是在中央扶贫办黄承伟主任支持下专门设立的。对陈茜来说，一边是学业，一边是工作，如何平衡时间，二者兼顾，无疑是需要付出巨大努力的。

2016 年 2 月，花垣县终于下达了第二批驻村扶贫点名单，其中就包括陈茜选择的子腊村。在陈茜尚未下到子腊村扶贫点前，负责麻栗场镇某扶贫点的县政协相关人员出于善意曾找到她，商量双方是否交换彼此所负责的扶贫点，并解释道：换了之后，陈茜负责的扶贫村都在麻栗场镇，方便管理；此外，子腊村情况极其复杂，对陈茜开展精准扶贫工作无疑是一个挑战。陈茜当时想起曾听父亲说过子腊村出贡米，一直非常有名，且有深厚的历史渊源。后来，从专家处得知，子腊贡米又叫子腊香稻米、香根米，属于老谷种，是贵阳黏米被引进和经驯化后，逐渐形成的适合子腊村当地生态环境的稻谷品种。因米的品质较高、口感香糯，于明朝开始作为敬奉尊者的特贡米，其广为人知的进贡历史保守估计也有 150 年。清代贡生麻阅芜曾撰文《子腊贡米序》，序中这样称赞子腊米："可遇满斗金，难得子腊米，水泛千丘田，月笼半山明。"了解到一些基本的相关信息后，陈茜认为这是一个非常好的生态扶贫点，对自己的学术研究也不无好处，因此谢绝了县政协朋友请求交换扶贫点的善意。最后，陈茜怀着忐忑的心情，坚持选择了子腊村作为自己负责的精准扶贫的对接地点。

初到子腊村，陈茜便被村子的贫困程度震惊。村落掩藏在山高谷深、树木葱郁的河谷之中，尽管距离县城不到 40 公里，但因山路崎岖蜿蜒，开车也需要 1 个多小时才能抵达。当陈茜与村民们交流时，问起是否了解子腊贡米历史，发现村民们都不太了解。她甚是感叹，自己作为一个外村人，都听说过子腊贡米，本地人居然不清楚，这真是被掩埋的一颗明珠啊！

陈茜在村委会召开精准扶贫专题会议，询问到子腊村的精准扶贫到

图 4－4　子腊村村貌一角

底是否精准时，子腊村时任妇女主任吴玉花朝村主任刘玲看了一眼，而村主任摸着脸不说话。从这个细节中，陈茜瞬间就意会到了这其中有情况，她马上向镇政府汇报，提议一定要重新甄选扶贫对象。在谈到甄选扶贫对象这段经历时，陈茜反复道：精准扶贫一定要精准，必须要精准，不然做不下去！于是，他们对子腊村的贫困户重新摸底，经过不懈努力，真正的贫困户终于得以进入精准扶贫名单中。

为了支持扶贫工作，政府给子腊村分配了人均 2000 多元的扶贫资金，按规定，其中的一部分资金可用作扶贫队的活动经费，但所有参与扶贫的队员均表示一分钱都不要。这是一群来自县城的青年人，因为一个承诺，因为一份责任，他们把自己的青春奉献给了这个素昧平生的子腊村，将自己的牵挂留在了这些素未谋面的村民身上。

以陈茜为代表的扶贫工作队对子腊村的扶贫工作倾注了极大的心血，他们经过调研，从当地实际出发，想大力发展传统的子腊贡米产业，却面临着现实的极大阻力。子腊村的村干部几乎都不看好子腊贡米，因为村里一共就有 56 公顷稻田，粮食产量本就供不应求。加上老谷种的大米卖价很低，仅 4 元一斤，与杂交水稻相比，其种植成本高、产量小、利润低，绝大多数村民认为老谷种只是历史上的一种概念而已，除了为数不多的几户人家还有老谷种并且仍然在种植外，全村人已经基本不再种植了。同时，受现代农业技术的影响，子腊村村民都习惯了“懒汉种植法”，在耕作时大量使用化学农药和除草剂，不再学习古法种稻，耗费大量时间和精力进行人工除草，不再使用有机肥、农家肥，以保证土肥力和水稻质量。

让人更为忧心的是，子腊村村民们根本意识不到传统古法种稻过程中所展现的独特的历史文化价值。在脱贫致富的道路上，村民既缺乏精准扶贫的思维方法，也缺乏脱贫致富的路径参考，这成为制约子腊村脱贫致富的主要原因之一，当然这也是扶贫队开展扶贫工作的突破口。当一个地域偏僻、山高路远的子腊村面临家人因缺衣少食而面黄肌瘦，村民淳朴的脸上再也看不见笑容，辛苦一生换来的只是越发弯曲的脊梁的困境时，这里的民众是多么需要从贫困的泥潭中被拯救出来啊，但是他们自身又是那么无力。他们是一群面朝黄土背朝天的农民，虽然没有文化的陶冶，没有知识的熏陶，但是他们拥有一片山水，一腔淳朴，一份坚毅。陈茜及其扶贫队的到来，就像向在水中浮游的子腊村村民伸出了手，让他们看到了从水中逃出的希望。

受经费和种种现实原因的限制，子腊村的扶贫队决定采取长期与短期产业扶贫相结合的策略。从长期来看，重点发展子腊贡米产业，通过挖掘子腊贡米的文化价值，力争申请子腊贡米复合种养系统为国家农业文化遗产；在短期内，重点发展子腊村现有的常规产业，如苗绣、杂交水稻种植等，通过实施子腊贡米复合种养系统，助力村民脱贫致富。所谓子腊贡米复合种养系统，简而言之，就是传统稻、鱼、鸭、鸟、蛙共生系统。

2016 年暑假，吉首大学历史与文化学院院长罗康隆和副院长暨爱

图 4－5　子腊村农田一角

民为了支持子腊村发展，经实地考察和集体研究后，把当年一支吉首大学暑期研习营队伍定点驻扎在子腊村，主要是调查子腊村的人文历史，其中包括子腊贡米的资料搜集。陈茜借此机会，初步收集到了与子腊贡米相关的本土资料。为了更加深入地了解子腊贡米的历史，陈茜寻到了当地出版的一手文献资料《花垣苗族》和张应和撰写的《苗鄉探奇》，整理形成了子腊贡米发展的基本历程框架，同时从年长的村民口中了解到了铺树造田的技术系统。于是，一幅以发展子腊贡米产业为核心的精准扶贫、致富奔小康的蓝图，开始一点点在陈茜脑海里浮现，陈茜的命运与子腊村的命运开始有机地连接起来。陈茜的内心非常清楚，子腊村只待一个“机会”，就能把贫困的帽子甩掉，致富之梦一定会变成现实。这个“机会”就是将子腊贡米复合种养系统申请为国家农业文化遗产之时。因为，一旦铺树造田的历史事实得以确认，子腊贡米被赋予文化遗产的意义，子腊贡米的价格一定会飙涨，其附加价值所带来的效应一定能使子腊村脱贫摘帽、奔小康。

为了早日实现心中的梦想，2016 年下半年，陈茜找到吉首大学杨庭硕教授向他请教。这位已年逾古稀、双目近乎失明的老教授，是吉首大学乃至全国生态民族学界的权威人物。听完陈茜讲述的子腊贡米和铺树造田的相关事宜，杨教授断断续续抽了三支烟，然后缓缓地说："陈茜啊，铺树造田是一项很独特的农耕技术！它实现了科学性与合理性的统一啊！"于是，就在2016年11月，杨教授带领10多个博士研究生来到子腊村调研。在众人的搀扶下，杨教授上山下河，跋山涉水，亲自下田体验，并抚摸着矗立在田地旁的《子腊贡米序》石碑，感受那份厚重的历史文化。

将子腊贡米申遗的想法得到了杨教授的极大赞赏和和罗康隆教授的支持鼓励。于是，陈茜决定立即找花垣县领导汇报此事，因为这不仅是子腊村的一件大事，也是花垣县的一件大事。当时因攻读博士学位和大部制合并等缘故，陈茜已经不再担任经信局副局长一职，但在局领导认可和支持下继续主抓精准扶贫工作。因此，申请国家农业文化遗产的资金、经验和人脉样样没有，于是她便向已退休的父亲陈文博求助，同时联系到了县委彭学康副书记。彭副书记是第一个出面接洽申遗工作的县委领导，他不仅对项目大力支持，而且给予了陈茜极大的信任，并在陈茜汇报工作的第二天，就把县里的高级农艺师黄纯勇介绍给了她。黄师傅通过初步判断，对子腊贡米和老谷种给予了充分肯定，认为可以在子腊村的生态环境下大力发展老谷种的种植。有了县里领导的支持和专家的认可，陈茜和驻村扶贫队，以及时任妇女村支书吴玉花领导的部分子腊村村民，便开始着手准备农业文化遗产的申报工作。

自决定启动申遗工作始，时间已相当紧迫，只能夜以继日地工作了。因为按要求，须在2016年12月底前完成农业文化遗产项目申报的基础性工作，以便参加2017年1月6日在吉首大学举行的武陵山地区农业文化遗产学术论证研讨会。在完成初步项目申请工作后，陈茜一行人前往吉首大学参加论证研讨会，会议邀请到了苑利、樊志民、王思明三位著名的申遗权威专家，研讨会上，各路专家和领导分别对武夷山地区预备申遗的子腊贡米、保靖黄金茶、永顺油茶、怀化鸿油等项目做了详细论证，场面十分热烈。

在介绍申遗意义时，专家说但凡申遗成功的农副产品，其前后价格存在天壤之别，申遗前一般是普通价格，“买的人不吃，吃的人不买”的现象层出不穷，一旦成功申遗后，核心区农副产品的价格就会飙升。比如，江西万年贡米成功申遗后，米价一直飙升到了 184 元一斤。陈茜和子腊村支书吴玉花，村民代表麻德立、黄纯勇、麻明宽等人听到这一振奋人心的消息时十分激动，他们铁了心思，一定要为子腊贡米成功申遗干出一点事来。以至于会后吴玉花回到子腊村时，激动地拍着桌子对村民们说：“如果子腊贡米成功申报了，那就不得了了噢！咱们的贡米就有一百多元一斤呐！这岂不是躺着有吃咯！哪怕只有三四十一斤，我们就知足了！”

研讨会上，该轮到陈茜补充汇报申遗项目了，她一反其他项目申报专家汇报的形式，直接向专家们展示了子腊贡米的最特别之处——该知识与技术系统的科学性和合理性。她最后动情地强调了两点：一是子腊村河谷内水温比较低，山泉水水温多在 17℃ ~20℃，不适宜水稻的生长，而铺树造田技术极大地改善子腊贡米生长的温度条件；二是在铺树造田的系统中，村民将沙砾与黄土层层相间铺下，既能透气又能保水。听完陈茜真诚热情而富有科学性的项目汇报后，在场的权威专家一致表示，子腊贡米不仅是中国最需保护的重要农业文化遗产，而且是非常独特的土地开垦利用技术。

面对权威专家的高度肯定和鼓励，从不相信命运安排的陈茜，后来在她的博士论文后记中不无感慨地写到，她这时终于相信了“命运”

的安排，上天终于给了子腊村人一个机会，也给了自己一个机会。如果当初不选择精准扶贫工作，如果不来到偏僻的子腊村，如果没有像爱自己家人一样走进村民的心里，这一切美好的安排很可能都不会到来。当初的选择一开始也许就是一个契机，至于后来那么多的巧合和偶然，其实充满了一种必然。如今，一条艰辛而光明的路，一个难得一遇的机会，摆在了陈茜和花姐吴玉花等人的面前，他们必须义无反顾地走下去。

研讨会上权威专家们的一席话进一步坚定了陈茜一行人的信心，他们的干劲儿更足了。他们首先明确了分步走的工作目标和任务：一是筹备申遗资金，二是邀请专家考察，三是找到铺树造田的事实证据，四是组织提交申报材料。对贫困之地来说，筹备资金无疑是个硬门槛，他们只好找到石栏镇的麻青龙镇长，终于得到了部分启动资金，子腊村委自垫了一点点，算是解决了燃眉之急。随后，他们邀请了权威专家苑利教授来子腊村实地考察，品尝子腊的香稻米，看村民打糍粑，吃稻田鱼和稻田鸭蛋，做特色的酸汤。一天，苑教授走在村间青石小路上，偶见一堵牛粪墙，这个在村里人看来土得掉渣的什物，在他看来，好似见到了稀奇大宝贝一般。他惊喜地跑去拍照、研究。他还发现，子腊村大米要比一般大米的味道更加清香扑鼻，原因很可能是子腊村种植稻谷的土壤成分有特别之处。子腊之行，苑教授终于亲自看到、吃到、听到、摸到和全方位感受到了子腊贡米的独特性和文化价值，这极大地增强了陈茜等人申遗的信心。

古语云，“万事俱备，只欠东风”。子腊贡米能否申遗成功，在缺乏相关历史文献资料记载的前提下，最关键的是要在子腊村的稻田里找到铺树造田的实据来证明。因为，铺树造田作为一种可推广的传统农耕技术，其价值在于它对与子腊村自然地理环境相似的地区有很好的借鉴价值。离2017年2月28日最后提交申遗材料的日子越来越近了，陈茜等人因找不到历史文献资料，急得焦头烂额。因此，唯一的办法是去寻找事实证明，即深入到稻田里，看能否挖掘到铺树造田最直接的证据——“阴沉木”。

所谓“阴沉木”，是指受地震、洪水、泥石流等自然灾害影响，使得古森林倒埋于古河床低洼深处或者淤泥里，在缺氧、高压以及弱酸、微生物共同作用的环境下，历经成千上万年缓慢炭化而形成的一种树木。此树木颜色光鲜，细腻光滑，质密耐腐，具有特殊香味，与同种现代树木相比，阴沉木内含物（如树胶、精油）含量较多，密度较大，尺寸稳定性较好，耐腐性能较强。在阔叶树中，以壳斗科、樟科和木兰科等阴沉木树种较为常见，针叶树则以柏科、杉科等阴沉木树种较为常见。在我国，阴沉木主要分布在西南、东南等地，主要原因是这些地区植被物种较为丰富，分布着大量易于形成阴沉木的树种；而且这些地区由于地形、水源等容易形成一系列地质灾害，为阴沉木的形成提供了必要条件。而子腊村因人为铺树造田而形成的阴沉木，如能找到实物佐证，无疑会为这一珍贵的木种赋予极高的文化价值。

需要说明的是，在2017年1月6日的论证研讨会上，当初的三位权威专家一致认为，在武陵地区申遗的几个项目中，子腊贡米应该是最有申报价值的。遗憾的是，作为主申报方的吉首大学此前从未对子腊贡米有过了解和合作，相对来说，其对保靖黄金茶有过几年的深入了解与调查，资料也很丰富，而且黄金茶的种植已经形成了一定规模，更适合申遗，因此吉首大学将保靖黄金茶定为主要申遗项目。失去了吉首大学的学术支持，陈茜感到十分惋惜。倘若不能找到“阴沉木”实物，那所有的努力和心血将会付之东流。

随着申遗截止日期越来越近，在陈茜的指导下，吴玉花带领一行人开始了艰难的挖“木”历程。挖掘队由吉首大学民族学学生、村干部村民等组成，他们先讨论挖掘工具，最后选定洛阳铲。于是，一群人拿着一批“奇怪”的工具，在稻田里挖来挖去，不禁引起了子腊村村民的好奇，大家纷纷前来观看，觉得陈茜等人的行为“又疯又傻”。陈茜听着大家讥讽的话语，心里虽然很不是滋味，但更坚定了要找出“木”的决心。经过一段时间的实验，挖掘队的队员发现，洛阳铲虽然可以把土带出来，但田底水分太多，由于积水和重力的作用，又会把土拉回洞中，无法看清挖的是什么。挖掘队只好咨询机器打井法，但一天只能挖四五个地点，效果还无法预估，成本非常高，所以只能作为实在没有办法之后的备选方案。此时，陈茜正忙于收集整理申遗资料，挖“木”之事则全权交给了村支书吴玉花和她丈夫带领的村民们。

挖“木”工程就像一条望不到头的路，路上洒满了陈茜、吴玉花等人的泪水与汗水，也刻满了他们以刚毅顽强、永不言弃之笔写下的对子腊村的誓言。他们行走在这条路上，脚步匆忙，磕磕绊绊，但充满力量。在挖“木”和拍摄影视资料等经费不足、举步维艰之时，陈茜甚至去银行贷款来支持申报工作。

此前，经信局精准扶贫工作已经由龙志刚副局长接手管理。龙局长最开始对申遗工作不看好，他说：“我们单位扶贫工作不是儿戏！要做就必须做能成功的事情！这个申报农业文化遗产，时间紧、工作多、支持少，希望还非常渺茫！如果成功的可能性不大，你就专心做好精准扶贫常规项目和迎检工作吧！”真正到申报之时，看到陈茜、花姐、村民以及吉首大学老师们的坚持和努力，龙局长逐渐转变观念，并给予支持。他说：“我们局里也帮不上什么。既然你那么看好这件事情，你这个月就把精准扶贫工作都交给我们，专心去做你想做的事情吧！”龙局长的转变和支持给大家注入了新的动力。非常遗憾的是，在申报农遗成功后的第二年，熬出半脑袋白发的龙局长由于心脏病突发去世了。他是中国广大干部为精准扶贫事业长期奋战、无私奉献的又一个典型。

在这艰难的探“木”过程中，陈茜也经历过激烈的思想斗争，一度想放弃。因为阴沉木找了很久均无结果，大家饱受折磨，自己撰写申遗材料也身心疲惫。在纠结和痛苦之时，陈茜又一次找到了杨庭硕教授，杨教授鼓励她说：“一定要尽全力，万一成功了呢？虽然过程艰难，但我相信田底一定有铺圆木，哪怕已经腐烂了，只要能挖出碳层，我就可以破解出其科学性来！”陈茜依旧顾虑重重：“要是最后挖不出来，该怎么办？”杨教授坚定地说：“哪怕挖出的是一层层的鹅卵石，只要是人工填造的，我都可以给你们解读出来！你们就放心大胆地去做吧！”杨庭硕教授的话语给了陈茜极大的信心，她十分感激杨教授对自己的鼎力相助，她明白，这是老师在鼓励自己。博士导师罗康隆教授也鼓励她说：“不要担心，有我们给你提供学术支持，挖就是了，一定会有发现！”虽然两位教授也无法保证阴沉木是否真的存在，但机会总是留给那些努力去尝试的人。

有意思的是，有一次，陈茜与单位密友陈芳聊天，说出了心底最大的担忧，即担心找不到阴沉木。而陈芳坚定地说，一定会有的！陈茜很惊讶：一个学会计的非专业人士凭什么这么肯定？陈芳接着解释说，自己曾在电视上看到过类似的报道：一片沼泽地，铺上了树之后，人们从上面走过都不会陷进去。猛然间，陈茜突然想到文献中记载过，子腊村有一片深水沼泽地，而今变为良田，之所以有这么大的改变，如果不是自然灾害，那么一定是人为因素引发的改变！她越想越坚定了信心。于是，她发动村支书吴玉花等人，到村里村外向可能知情的老人打听，询问子腊村曾经的那片沼泽地的位置。

某日傍晚，辛苦了一天的陈茜关上电脑后，发现花姐给自己打了七八个电话，她刚回电过去，就听见花姐兴奋的声音：“找到啦！找到啦！”陈茜连忙赶去现场。挖掘队一共找到了两个地点，一个点是经由一位外村嫁到子腊村的老太太指点后发现的，她说多年前摸泥鳅时曾摸到田地里有一排一排的树干。另一个点是经由本村的一位老大爷指点后发现的，他说小时候曾看到过长辈们铺树造田的经历，造田时竟然把邻村的树都砍下来铺树造田了，邻村村民还来寻要了赔偿。挖掘队在老人们描述的具体地点果然发现了阴沉木。将挖掘到的其中一根木头从中间劈开，中心的木芯是嫩黄色的，但几小时后，颜色开始转为青黑，甚至腐烂。陈茜等人将挖到的阴沉木交给县里的专家鉴定，却受到了质疑：这些木头怎么看都不像是从田地里挖出来的。因此，上述两个阴沉木发现地点，在专家眼中不是最好的挖掘点。专家建议挖掘时要尽量寻找最好的剖面，即明显的田地，同时挖掘阴沉木时要完全取证，即要全程用视频记录。于是，陈茜、花姐、花姐的丈夫以及其他挖掘队成员用钢钎不停地戳田地，开始了挖掘阴沉木的疯狂史。

得知陈茜的故事，她的一位亲戚在微信朋友圈写道：一个“疯子”，带着一群“傻子”，在做一件以后看起来或许会很“牛”的事。就这样，一个“疯子”和一群“傻子”的故事，就因为寻找阴沉木这一共同目标，在花垣地区广为流传。这一群人什么话也不说，什么事也不做，每天一大早拿着钢钎出门，见着田就戳，村民们都觉得，这是一个“疯子”（陈茜）带着一群“傻子”（挖掘队）干“傻事”（找阴沉木）。钢钎极沉，外表也不光滑，一天下来挖掘队队员们的手上几乎都是血淋淋的水泡。就这样，他们“疯狂”地挖了好些日子，村民们手上起了茧子，甚至挖出了手感：用手旋转钢钎，通过手的感觉来辨别戳到的是石头还是木头，发现疑似有阴沉木之处，就用竹签做标记。由于没办法确定哪个地点必有阴沉木，只好通过现场挖掘与摄影取证记录其过程。陈茜找来著名的苗族文化摄影团队（由周建华、姚茂祥、张声远等人组成），与其商量最佳拍摄地点。此外，为了尽量使拍摄的素材更加完善，以备申遗所用，陈茜等人策划设计了村民劳作、祭祀祖先、搬运贡米等场景供团队拍摄，一方面拍摄苗族人民生产生活的场景，另一方面重点拍摄现场挖掘阴沉木的取证场面。陈茜站在田埂上，看着稻田里十几个村民再次拿起钢钎，看着已经架好的摄影机器，看着两侧山谷挺拔的树木，看着头上辽阔的天空，顿然想起 2016 年夏天去北京参加国际工商人类学大会时，她特意去雍和宫里为子腊村求遍了神像，念干了唇舌，跪红了双膝的自己。不相信神佛的她，此时却在心里一遍又一遍地祈祷：老天爷，挖到吧，挖到吧！陈茜神情正恍惚之间，寂静的田地间像是被扔入了一枚炸药，村民用仿佛要刺破天空的声音大喊着："挖到了！挖到了！"看着挖出的带皮阴沉木和拍摄得十分清晰的田地剖面，陈茜红了眼眶，并且终于相信，上天永远不会辜负一群努力的灵魂，因为生命见证过多少真实，付出过怎样的努力，就会有怎样的幸运。挖出的直径三四十厘米的阴沉木用其真真切切的触感告诉了陈茜等人，申遗过程中最重的一块"大石头"终于落地了。

2017 年 2 月 28 日就是申报书提交的截止日期了，田底铺木的证据已经找到，足以证明"铺树造田"技术系统的存在。申报书的文字材料熬夜加班也能赶出来，但陈茜此刻遇到的一个大问题是，申遗材料中缺乏苗族文化的相关素材。于是，她通过父亲牵线联系，再次找到了苗族文化摄影专家周建华，获得了大量图片和素材，并通过其团队的帮助，拍摄了申遗所需的苗族文化宣传短片。同时，召集了种植子腊贡米的农民与县委相关领导，通过小型座谈会的形式，补充了与子腊贡米相

图4－6　挖掘出子腊阴沉木的地点（稻田中凹陷处）

图4－7　重修的《子腊贡米序》石碑

关的种植知识，并通过子腊村村民麻德立的帮助，搜集了子腊贡米老谷种的相关数据，极大地充实了申遗材料的内容。此外，申遗材料的撰写还得到了经信局吴永红总经济师、吉首大学皇甫睿博士，以及瞿州莲、邵侃等教授的帮助。最后，将申报书、申遗视频和项目规划等材料全部按程序向上级部门提交了，此后便进入了漫长的等待评审结果的阶段。在等待评审结果下达的时间里，陈茜因为劳累过度，没法看文字多的电脑屏幕。也是在这段等待的时间里，陈茜有了自己的第二个小宝宝。正如她本人所言，申报子腊贡米这一农业文化遗产项目的过程就像养育二宝的过程一般，付出了她全部的血汗泪。别人曾经认为的陈茜与子腊村村民们在田野里“虚度”的时光，如今看来却是无比珍贵的回忆。

2017 年 5 月的一天，花垣县农业局接到一个北京打来的电话，询问子腊贡米是否想加入其黄页广告宣传系统，并从电话中得知，农业文化遗产项目申请结果已经开始公示。陈茜十分激动，立马在网络上进行搜索。初次在网页上看到子腊贡米被挂在农业文化遗产入选名单上时，陈茜难以置信地揉了揉双眼，又不断退出网页重新进入，再次仔细检查，直到自己的眼睛能清楚地看到湖南花垣子腊贡米复合种养系统成功进入了第四批中国重要农业文化遗产时，陈茜终于有了尘埃落定的感觉。无数个为申报书熬晕了头的夜晚，无数个因为他人的不理解而被讥讽的时刻，无数个因为寻找实证无果而想要放弃的场景，就像潮水一般带着几年的光阴呼啸而过，过往的一帧帧画面一一展现在陈茜面前。

图 4－8　湖南花垣子腊贡米复合种养系统入选第四批中国重要农业文化遗产的牌匾

陈茜在2018年12月成稿的博士学位论文《苗族文化资源在生态扶贫中的价值研究——以花垣县子腊村为例》中，简要介绍了她在帮助子腊村申报农业文化遗产时的艰辛历程，算是吐露真实的心声："中国重要农业文化遗产的申报不是一件轻而易举的事情，而是牵涉方方面面的、复杂的项目申报工作。当时，县领导层面还未形成申报共识，但距离申报资料提交只有极为紧迫的一个月时间，子腊贡米项目的申报呈现出由下推上的尴尬局面。由此，申报工作必然面临人、财、物等多方滞后的困难局面。当时，申报单位农业局对子腊贡米并不了解，该单位也没有领导统筹石栏镇政府、县文广新局、财政局、扶贫工作队、林业局等相关部门的权力，更没有现成多余的人员可以专职做这个事情。因此，除了同时忙于几个申报项目的吉首大学团队外，几乎很难迅速组织起比较得力的申报团队。这是人才缺失和人员的匮乏。幸运的是，吉首大学杨庭硕教授等人在早期对子腊村的调研工作有一定基础，而笔者的师弟师妹和亲朋好友们也积极参与、热心帮助。各级领导听取黄总工与笔者的汇报后也鼎力相助，农业局相关股室的干部们也提出了专业的建议。从真正接到'可以试试，择优申报'的通知，到部门规定的资料截止日期，总共也就半个多月时间。真是紧张得头昏脑涨，刺激得心律不齐，疲累得濒临崩溃，终于赶在规定时间的最后那天下午，把近10万字的各种申报资料提交到位。而后，笔者大约有一个月时间完全不想开电脑，因为一看到电脑就头晕想吐。兵马未动，粮草先行。但因为准备申报之时正值春节，前期准备资金报告就算打上去了，要想经过层层审批和手续，也根本不可能在2月审批下来。也就是说，这笔资金需要在领导认可之前，在没有必胜把握之时，必须有人愿意承担风险而自己垫付。否则，需要采购材料和请村民出工的影视资料，以及其他不少资料的准备工作根本无法开展。因为资金申报滞后和实际到位需要一个过程，笔者和黄总工没有过多顾虑，想办法共同垫付了必须提前支出的几万元。申报资料要求严格规范，涉及内容广泛，应证材料繁多，知识系统核心内容需要提炼，相关文化事实需要解读，尤其是部分图片和影视资料必须提前储备。但是，当时并没有现成的资料。文广新局相关股室反馈信息为：目前没有，并且难以马上找到合适的图片。而申报资料必须立即规范制作出来，当时正值寒冬，也根本无法现拍农耕四季、稻田丰收等重要资料。笔者在全面发动人脉之后，终于由老爸出面，从当地摄影爱好者周建华老师和湘之西工作室处获得支持，夜以继日地赶出了所需图片和影视资料。众志成城，全力以赴，申报团队终于克服了重重困难，将子腊贡米复合种养系统的遗产地概况、起源、历史演变、知识体系、农业、景观、文化、创造性等遗产特征，遗产功能与重要性，机遇与挑战，保护与发展措施等内容整合成申报文本，并精心制定了该系统十年的保护和发展规划。在各级领导和相关部门的支持与帮助下，在专家评委们的帮助与指点下，终于在 2017 年 6 月 28 日，子腊贡米复合种养系统正式获批成为第四批中国重要农业文化遗产。”①

在博士学位论文中，陈茜也详细介绍了申报农业文化遗产成功后，这一殊荣为子腊村脱贫致富带来的无限活力。

目前来看，子腊贡米复合种养系统申报成功中国重要农业文化遗产这一举措确实是有效果的，具体可从以下方面反映出来：一是促成花垣子腊贡米地理标志的申报。2017 年 5 月底，湘西州为弥补出口农产品的品牌短板，提高农产品的国际信任度，决心从湘西州内选择 10 个精品品牌申报国家地理标志。花垣县分到 1 ~ 2 个名额，但必须在 6 月初做好所有的申报资料。在工商质检部门当时完全没有头绪和资料的时

① 陈茜．苗族文化资源在生态扶贫中的价值研究——以花垣县子腊村为例[D]．吉首：吉首大学，2018.

候，说是要硬着头皮完成的规定任务来得更为恰当。该部门龙局长等领导到处寻找适合的品牌，终于得知子腊贡米的地理代表性非常符合申报要求，并且申报农业文化遗产储备了不少资料。所以，在向州领导汇报后，一致决定把花垣子腊贡米作为花垣县的申报首选。据悉，该地理标志处于中央相关部门的审批阶段，2019 年上半年有望成功。届时，将会给子腊村的整体脱贫致富树立起一个集体品牌。

二是得到县领导的认可和政策指引。2017 年 8 月，州气象台回应数名关心吉卫大米产业发展的人大代表的建议和政协委员的提案，准备在以大米出名的花垣县吉卫镇的几个村寨稻田区域安装网络，以实时监控绿色农业项目，让消费者从手机软件上就能看到大米的种植、生产全过程。花垣县气象台向分管领导杨胜旺副县长汇报后，参加过子腊贡米复合种养系统申报环节的杨县长直接建议把子腊贡米也加上来，要在子腊村也设置几个摄像头安装点，为子腊贡米生态产业的发展打好基础。此外，子腊贡米复合种养系统成功申报国家农遗之后，在整村推进、美丽乡村、古村落保护等相关项目申报期间，县领导们对子腊村的关注度比以往明显增强，从项目、资金等方面开始给予更多的扶持。

三是子腊村大米售价大幅提升。在申报之前，子腊村的老谷种大米上门收购价为 5 ~6 元/斤，良种大米上门收购价大约为 3 元/斤。在成功获批中国农业文化遗产之后，子腊村的米价自 2017 年底开始飙升。良种大米上门收购价涨到 4 ~5 元/斤，电商平台外销价格达到 8 元/斤。截至 2018 年 3 月，8 元/斤的良种大米仅通过网络手段就外销了近 4000 斤。老谷种的价格也大幅上涨，2018 年初的上门收购价格涨到 8 ~10 元/斤，电商平台售价更涨至 16 元/斤。2018 年 9 月，子腊村老谷种大米参加湘西苗族赶秋节暨农民丰收节的精品展销，短短几天时间就以 20 元/斤的价格销售了大约 2000 斤。大米价格的大幅度提升，让村民们获得了实实在在的经济收益。村民们对未来更有信心，一定坚持用传统方法种植生态环保的老谷种大米，不撒农药、化肥、除草剂，大家要一起脱贫致富。

命运之线把陈茜的人生轨迹和子腊村的命运有机地串联在了一起，每一个刚刚好的选择，让现实的一切梦想成真，这既是一种现实的巧合，也是历史的必然。陈茜因为子腊村成就了自己的命运走向，加入了精准扶贫的队伍中；子腊村也因为陈茜的到来，成功申遗，有了改变世世代代“悲苦”无闻命运的机会，子腊村的脱贫摘帽指日可待。

三、两个女人的“梦”

陈茜在网上看到申遗成功的信息后，情不自禁地打电话向县农业局办公室的黄总工求证，黄总工也不敢相信。当在网络新闻中确认子腊贡米申遗终于成功时，她高兴地跑了起来，她迫不及待地想与她的好朋友、子腊村的村支书吴玉花一起分享申遗的喜悦！打完电话，她又向另一边办公室的陈芳跑去。当时的陈茜已有 2 个月身孕了，按理说是不能跑的，但她还是忍不住小跑着叫了起来：“啊呀！成功啦！成功啦！”陈芳问：“什么成功了啊！”她喜极而泣：“子腊贡米申遗成功啦！”她的情绪没有绷住，回想起长达两年的辛酸苦辣，泪如泉涌，她和陈芳不禁抱头痛哭。场面很滑稽，她们又哭又笑。是啊，在这个过程中，有太多村民、村干部的不理解，真是太不容易了！

在申遗过程中，曾需拍摄有宗教祭祀场景的视频资料，且要把相关的苗族文化元素拍摄进去。因为在苗族传统文化中，贡米是有神性的，是神圣不可侵犯的，祭祀时要插香烛和打糍粑，这些均和子腊香稻米有关。在大多数村民不认可的时候，陈茜得到了吴玉花的大力支持，拍摄、挖田等资金不够，吴玉花自己也垫了一笔钱，前前后后大家垫付了几万元。终于开拍了，现场请了几个村干部，大家一起来做吊子、仪仗……第二天，周建华老师也来了，一起去庙里祭祀祖先，一起在村里绕圈圈，路上不了解的行人还以为他们疯癫了，以至于一位村民大喊陈茜为“仙女，小仙女!”（仙女：有神秘感的巫婆，非褒义）。由此可见，当初能得到吴玉花的支持，显得多么弥足珍贵啊。

子腊贡米成功申遗后，陈茜对花姐吴玉花说：“我们不但要把子腊贡米这一农业文化遗产保护好，而且要发展起来，严守传统的耕作规程，倘若上级权威专家和领导发现我们没有保护和发展好，今天获得的这块金字招牌，很可能以后会摘掉的。”吴玉花一听便急了，决定带头种植子腊贡米老谷种，同时召开三次培训会，指导村民种植老谷种。在第一次培训会上，吴玉花被要求上台讲子腊村的故事，这是她平生第一次讲普通话，大伙儿给了她最热烈的掌声。

2017 年上半年，吴玉花当选为子腊村村支书，她的工作更加繁忙。为了做好示范，她靠自有资金承包了 40 亩（约 2.67 公顷）水田来种植子腊贡米，可收割的谷子一时找不到销路，吴玉花开始急了。而且出于复杂的利益关系，前期有人抢注“子腊贡米”的商标，据说即使出价 100 万元，注册者也不卖。于是，吴玉花只好注册“子腊村香稻米”的商标。但直到 2018 年初，子腊贡米还没卖完，她身心十分憔悴，连村支书也想辞掉。最后，在陈茜的帮助下，通过全家人在微信群中向朋友推广，终于把剩余的贡米卖完了。小小的收获和成功，激发了吴玉花心中更大的梦想，她决定创建专营子腊香稻米的合作社，带领百姓脱贫致富，未来的子腊村还要发展农家乐、娱乐竞技、旅游观光……她渴望有投资方能看中子腊村，渴望有资金能支持子腊村的发展。

说来很是奇怪，吴玉花在当选村支书之前，曾做过一个奇特的梦，也许是日有所思、夜有所梦吧，然而，正是在这梦里所经历的事，支撑着她一路走到了今天。在梦中，她曾声嘶力竭地呼喊："你们谁能帮我一把？谁能帮帮我啊？"这是一种焦急而又无力的呼救。连续呼唤了十几遍，回应她的只有死一般的沉寂。这是一个令人匪夷所思的梦：吴玉花背着孩子从石栏镇回家，她没走下坡的老路，而是沿着下坡路的侧面走，当走到一个拐杖似的弯道预备过河时，只见河水突涨，水流湍急，发出猛兽般"咚咚"的撞击声，十分骇人。吴玉花背着孩子，不敢轻易冒险过河，看着汹涌的洪水，心惊肉跳，腿脚发软。她想往回走，但已无退路。这时她看到路旁有一堆熟人在打麻将，于是用尽全力朝他们呼救，可他们置若罔闻，好似他们间隔着一道隐形的屏障。就在这千钧一发的危难时刻，人群中一位妇女朝她看了过来，说时迟，那时快，吴玉花面前顿时出现了一块帮她攀爬的小踏板，她兴奋地快速跳上踏板，踏板仿佛被严格操纵一般，平稳地将她送到了安全的土坡上，不再受洪水的威胁。但她没有沿着坡往上走，而是急匆匆地冲下坡，这下坡路尽管仅有五十米左右，但她走了很长一段时间。吴玉花又走了大约两丘水田的距离，遇到了一条上坡路，但路崎岖不平，走过这崎岖不平之路后，眼前展现出的是一条笔直的平坦大道。就在这时，路中间突然显出一个圆润饱满的坟包，她满腹疑惑，环顾四周，荒无人烟，忍不住询问："这是谁家坟啊？怎么摆在路中间？"正在她小声嘀咕之际，一阵有力而洪亮的声音响了起来："这是有龙脉的坟！它已被龙缠绕，有了龙气啊！它会飞走的。"至此，梦戛然而止，吴玉花也从梦中惊醒，久久不能释怀。她把这个梦告诉了陈茜。

作为女性村支书，吴玉花在带领子腊村开展产业扶贫摘帽的路途中，如同她自己做的梦一样，起起伏伏，有风险，有孤独，有压力，有时连气都喘不过来，有时还要负重前行。但是，在这条路途上，她总能遇到同道者，总会有热心人助她。陈茜博士就是其中的一个，她是花姐生命中的一束光，驱走了她身边的乌烟瘴气；她是花姐灵魂里的主心骨，支撑着她柔弱的心房。每每遇到挫折抑或不如意，她就跑到陈茜博士那里，尽情地抱怨倾诉。而陈茜也是个洞察人心的智慧女性，无数次为花姐打气加油，无数次用她自己经历过的“梦”激励她前行。

陈茜不无幽默地释梦道：“你过河时遇到小踏板，就是你被领导重用，得到了更上一层楼的机缘呀！因为你是女村支书，又是外村嫁过来的媳妇，以前做妇女主任，现在做村支书，工作难免有不足，因此导致你有时会走下坡路嘛！再后来你不是走了一段很长的平路吗？那是因为解决了工作中的问题，就会一路平平稳稳了。几年后，你会得到乡亲们的信赖，工作经验丰富了，子腊村的扶贫产业有了起色，那不就是走上坡路了吗？至于最后遇到的那个坟包，可能是现实生活中的一个大难题，没关系的，你不去理会它，它自己也会搬的。即使遇到大难题，也是船到桥头自然直啦！”陈茜的“解梦”，使花姐的表情不再紧绷，似有暖色。于是陈茜再接再厉道：“你呀，就是喜欢往坏处去想，其实，抬头看看天空，就是一片灿烂的阳光！你现在已经走到了路的中间，再坚持会儿吧！”花姐还是很困惑，语带哭腔地说：“我已经走了那么久的下坡路了，还未见起色，我到底还要坚持多久啊？”一段时间以来，来自各方面的质疑和指责，确实让花姐顶着巨大的压力，面色灰黄、精神恍惚的她用力咬了咬干涩的嘴唇，仿佛要把长久的委屈与不甘都咬烂。陈茜不忍心看花姐，却坚定地说：“好花姐！再坚持两年左右，一定会有转机的！”吴玉花抹去眼角的泪花，重重地点了点头，转身离去。

就在陈茜为花姐的精神状况担心之时，她了解到子腊村的麻树祥和麻利兵创建的桑蚕合作社做得有模有样，便琢磨着能否把花姐创建的子腊香稻米合作社转让给他们经营，毕竟都是子腊村产业扶贫的项目。陈茜约他们到县城做深度交流，想不到他们很爽快地答应了，并承诺通过专业合作社帮村民们脱贫致富。经过几个月的运作，专营子腊香稻米的合作社在他们的经营下渐渐有了起色，产业规模不断扩大，由原来的40亩（约2.67公顷）扩大到120亩（8.00公顷），吴玉花身上的压力终于暂时得以减轻。然而，人又是在压力中不断成长起来的。就在2019年下半年，麻树祥和麻利兵二人突然提出不再续营子腊香根米合作社了，无奈之下，吴玉花只好继续接下这副重担。而此时的子腊贡米的价格已是天价了，陈茜和吴玉花两个女人又开始做新的“梦”。

一天晚上，陈茜还真做了一个梦，在梦中，米多得卖不出去，在微信朋友圈推广，朋友最后把她拉黑了，降价10元一斤也没有人买，她快急死了。她来到食堂吃饭，师傅给她打菜，荤素搭配，打了几个不同的菜。突然间，她灵光一闪，此法也可用在大米营销上，把杂交稻米与子腊老谷种香稻米搭配好，搞几个套餐，掺和在一起销售，套餐的大米均价就不高了，大家都能接受，岂不乐哉！结果大功告成，她哈哈大笑起来。梦醒后，陈茜开始琢磨着以套餐方式销售大米，而且由顾客决定要多少老谷种就配多少老谷种。结果很多顾客多给爷爷奶奶们购买老谷种子腊香稻米，因为长辈们吃着传统种法的生态大米，闻到了小时候老家的味道，通过打“孝心牌”，子腊大米的销售量呈直线飙升。

四、米厂牵手子腊香根米

2017年7月，花垣县子腊村花姐种养专业合作社成立，子腊村村支书吴玉花为合作社法人。截止到2020年7月，合作社已有70位社员、25户村民，种植老谷种子腊贡米120亩（8.00公顷），加上农户自种，共计有140余亩（约9.33公顷）产子腊贡米的稻田，产量达到一年4万公斤左右。

在注册商标时，由于“子腊贡米”这一名称已经被人注册，陈茜和吴玉花等人想要寻找到相关人员，协商商标转让的相关事宜，让子腊贡米回溯其历史渊源，传承其文化根据，为子腊村的脱贫攻坚贡献其最大的力量。但因种种因素，双方协商无果，最终经大家商量，只得采用“子腊香稻米”这一名称，这也成为了陈茜、吴玉花等人的一大遗憾。

陈茜在其博士论文中详细阐释了子腊香稻米的生态价值：“子腊贡米”不单单指子腊村种植的稻米，而是对整个“子腊贡米”复合种养系统的简称，主要包括铺树造田、复合种养、育林蓄水、施自然肥等内容，在保持水土、减少污染、保护生物多样性、提高土地利用率等方面发挥了重要的生态功能。

铺树造田技术是“子腊贡米”复合种养系统的核心内容。除了防止人畜下陷的常见作用之外，更重要的是具有增加日照、提高水温、改善土质等作用，从而解决当地生态缺环问题，使当地水稻的规模种植成为可能。铺树造田技术主要包括如下原理：第一，在深水沼泽的淤泥底部铺垫原木和回填砂土，可以抬高稻田的水位，有利于顺畅排掉多余的水分；第二，水位提高后，受太阳光照射的水面面积增大，有利于稻田水对日照能量的吸收，于是稻田水温也能在一定程度上提高；第三，在原木上按照一定规律回填混合的特殊土壤，从下至上大致为页岩碎块层、砂砾层、砂粒和土壤混合层、白善泥层及黄泥层。这种特殊混合土壤在透气透水和储水方面更适合水稻生长，土壤中的养分也更丰富；第四，因为在田底铺垫的原木为圆柱体，其相互之间有不小的间隙。在原木上方用砂石和土壤填埋压实后，原木隔绝空气而数百年都不易腐烂，于是在稻田底部形成绝热性能很好的隔离层。上下两层相对独立的蓄水既有调节水温的作用，又有调节水分的功能。所以，无论是天旱还是雨多的年份，田底的蓄水都可以自主调节、相互补充，子腊村的稻谷总产量通常比较稳定。因此，铺树造田技术是高度适应于当地生态环境的土地开垦利用技术，可以解决水温偏低、日照不足等客观问题，使大规模种植水稻成为可能。就生态价值而言，铺树造田技术在调节大气、固定碳汇、保护碳汇、水土保持、蓄洪储水、调节旱涝、提高单位面积生物物种多样化水平等方面具有明显的生态正效应。

“稻、鱼、鸭、鸟、蛙”复合种养技术的经济效益明显高于单一的稻谷种植方式。复合种养有利于丰富鱼、鸭、鹅、鳝、鳅、螺、蚌等商品种类，鸭、鹅等的粪便提供的养分可以降低肥料成本和增加稻米产量，鱼、鸭等的觅食活动可以减少虫害、提高水质、促进高产。从利用生物多样性的方法来说，这种传统复合种养技术不但可以有效减少虫害和农药污染，而且能降低经济成本，提高利润，这就能获得很明显的生态和经济效益。此外，“稻、鱼、鸭、鸟、蛙”复合种养技术不仅有减少虫害和环境污染的好处，而且还能收获伴生物种的多方效益。虽然单位面积的水稻种植数量略有减少，但从水稻产量和质量的提高，以及鱼、鸭、鹅等复合种养品的销售收入增加来看，该复合种养技术能切实提高单位面积农田的经济收益。

“花垣子腊贡米复合种养系统”不是单纯的稻田农业技术系统，而是包含育林蓄水技术的农林生态综合技术系统。在“子腊贡米”复合种养系统传承顺畅的近几百年历史中，子腊村峡谷稻田四周的山坡上一直保持森林密布和物种多样的良好生态。连不适农耕的岩壳之地，也被苗族开发起来种植油桐、果树等林木，大大增加了森林覆盖面积。类似的传统文化对本地区生态效用极大，该类地方性知识在脆弱生态系统维护和对石漠化等生态灾变进行救治方面很可能具有非常高的价值。子腊村育林蓄水等农林技术，就是这种对生态环境很有利的地方性知识。①

文明在发展的过程中必然伴随着消亡与新生。古法耕作技术的消逝和现代农业的发展也给“子腊贡米”复合种养系统带来了新的难题。为了保护农业文化遗产的申请成果，形成可持续发展的动力，陈茜和吴玉花等人开始思考，在村民已经适应了“懒汉”种法后，如何对子腊村的农田进行生态保护，即不打农药如何除虫？机缘巧合之下，吴玉花联系到了一家名叫海文深的公司，引进了清华大学开发的电子纳米碳技术，发挥其生态安全产品的功能，利用高附着率的碳提高杀虫率，降低化学物品的残留，通过将传统的除虫方法与纳米除虫方法相结合，在大大提高除虫率的基础上，维护了古法的文化价值，同时保护了子腊贡米种植稻田的生态环境。此后，子腊村开始了对传统生态防虫方法和现代生态防虫办法的有效结合与实践探索。

子腊贡米的种植使用“老谷种”，运用传统耕作技术，不用现代农业化肥和农药，在水质、土质均极高的子腊村，虽产量不高，但品质不低，营养丰富。不仅如此，与杂交水稻相比，老谷种种出来的稻米不仅具有好的口感，而且香气浓郁。调研团队在去子腊村村民家中吃饭时，走到门口便能闻到蒸饭锅中馥郁的稻米香。此外，子腊香稻米更具有独特的文化价值：子腊村的苗族人民在“万物有灵”“万物亲缘”观念的指导下，将稻田与树林、人与稻田视为一个整体，创造了以“铺树造田”为例的自然改造技术，向后人展示了苗族人民为适应所处的生存环境而创造、积累和传承的生态智慧。在工业化种植和收获杂交水稻的今天，生活在城市的人们能吃到这样一碗从播种到收获

① 游俊，田红．论地方性知识在脆弱生态系统维护中的价值——以石灰岩山区“石漠化”生态救治为例[J]．吉首大学学报，2007(2)．

都是由农民辛勤劳作而得到的大米饭，是高品质生活的体现，也是对农耕文化与文明的情结所在。

2018年春节，子腊老谷种大米的销售问题成了陈茜和吴玉花难以放下的心结。亲朋好友间宣传、朋友圈宣传等办法都用尽了，陈茜及其家人成了“微商家族”，把子腊大米的销售信息发到了数个老同学微信群中，甚至被管理员拉黑和踢出群聊。某次在微信群中宣传时，群成员当众发言，认为陈茜是骗子，甚至对她恶语相向。一片丹心向子腊的陈茜第一次听到这样的话，自己对子腊的真诚与付出的努力被人认为是欺诈，更让她委屈的是，子腊贡米种养系统这一农业文化遗产的“金招牌”也遭人唾弃，让她难受至极，自己躲在办公室流眼泪。后来在家人和子腊村村民的安慰下，陈茜才慢慢解开了心结。

通过“轰炸式”的熟人圈网络宣传销售办法，他们也只勉强销出了一年的产品，难以实现可持续供应，贡米销路仍然堪忧。此时陈茜等人才意识到，即使成功被选为农业文化遗产，但在全县、全市甚至全省范围内的宣传仍然没有打通道路，贡米知名度受限，子腊老谷种大米就仍然只是子腊村村民的农业文化遗产，子腊香稻米的名字还没有飘向每一个湘西人民的耳中。要想使子腊香稻米真正走向全国，销量增加，她们还需要走好打通销路这关键的一步。

由于子腊村老谷种稻米的生产规模日渐扩大，村民们将子腊香稻米（即子腊贡米）“销出去”的需求日益上升。一次偶然的机会，陈茜在湘西红网工作的高中同届同学祝勇注意到她在朋友圈中对子腊大米产业和文化的宣传。在老同学间的电话叙旧中，陈茜向祝勇提到了对子腊村的扶贫支持产业，而恰巧祝勇与步步高集团的邹爱华总经理熟识。在祝勇这位“媒人”的帮助下，陈茜成功与邹爱华取得了联系，并于2019年在吉首市见面商谈，陈茜将她在子腊村扶贫、申请农业文化遗产的经历尽数讲给了邹爱华听，引发了步步高集团领导极大的兴趣。此时岩锣村米厂已修建完毕，正是需要米源的时刻，按照米厂精加工的步骤，出米率在48%左右。2018 年，岩锣村米厂抱着“试试看”的心态，从子腊村运回了两万斤稻谷，这一下便解决了当年子腊老谷种大米的销售问题。经过一段时间的加工与销售，由于子腊香稻米种植过程绿色无污染、稻米品质有保障，步步高集团牵头建立的岩锣村米厂与子腊村合作社建立了长期合作，并在 2019 年预定了 4 万斤子腊香稻米的稻谷，这样一来，便成功解决了子腊村脱贫道路上的销售这一大问题。生长在生态极佳的子腊河谷的子腊香稻米，就这样通过岩锣村米厂的加工，成为步步高集团下超市的高品质、销量大的热门扶贫农产品。

图 4－9　子腊香稻米在岩锣村米厂加工后的产品包装

除了帮助解决子腊村香稻米大部分销售额的步步高集团外，深圳力源集团正在与子腊村合作开辟线上销售渠道，希望能够帮助其丰富销售方式、增加销售额度；而花垣县每年春秋季时期的扶贫消费也加入了定点扶贫渠道，帮助子腊村拓展销路、增加销量。

传承传统文化的不仅是唐诗、宋词、元曲，子腊贡米也是传统文化的一部分，它包含着人们生活的各个细节。通过以子腊贡米种植为核心的产业扶贫项目，数百年前祖辈与自然和谐相处的智慧得以继承和发扬，苗族的文化也得以保护和宣传，以自己的双手辛勤劳作与耕种的子腊人民，也逐渐看到了脱贫致富、走向小康的曙光。

五、子腊老谷种的未来命运

任何物种的生存与发展都有其独特的自然生态环境，反之，怎样的生态环境，就会造就怎样的植物物种。子腊村作为花垣地区精准扶贫的重镇、文化遗产苗族赶秋的发源地、子腊贡米的原产地，其农业文化遗产的申请成功、与岩锣村米厂的合作工程，不仅为花垣县的扶贫攻坚道路注入了极大的活力，同时也为农业文化遗产的保护、利用与开发，为处在新时代中国特色社会主义发展之路上的其他地区指明了新途径。而其中最大的“功臣”——子腊贡米复合种养系统的老谷种在现代农业的背景下，越发凸显出其熠熠生辉的价值。

自然界中，所有生物都表现自身的遗传现象，这是生命延续和物种传承的重要保障。农谚说，种豆得豆，种瓜得瓜，就是对遗传现象生动的描述。豆和瓜的繁衍就是由遗传物质决定的，水稻亦是如此。而种质资源作为重要的生物资源，为研究农作物的起源和进化、培育农作物新品种奠定了丰富的物质基础。中国最重要的种质资源开发实例，是由袁隆平等科学家参与研究的杂交水稻。水稻作为中国人最重要的口粮之一，在国家粮食安全和人民生命健康安全的保护上意义非凡。子腊贡米老谷种是从祖辈的智慧中传承的结晶，其保护、利用与开发也对丰富我国水稻种质资源的多样性、维护国家粮食生产安全发挥了重要作用。

从全球粮食局势来看，转基因生物工程在粮食作物领域的应用带来了一系列粮食安全方面的问题。科学家对转基因作物的实践与应用一直持谨慎态度，国际农业市场对转基因作物的安全性也较为保守，国内相关环保组织也对转基因作物的商业化持反对态度。这意味着，在转基因作物的安全性、应用性未能得到保障时，我国的农作物安全问题是目前仍然需要思考和保持警惕的。

2014 年 5 月，国际非政府机构（NGO）绿色和平组织潜入华中农业大学海南实验基地，在试图盗窃我国转基因水稻种子样本时被人赃俱获。5 月 5 日，农业部向全国各转基因研发单位下发《农业部办公厅关于严防转基因试验材料流失的通知》，要求“严防转基因材料遗失和被人恶意扩散，避免我国科研核心机密和种质资源材料被窃取，给国家造成不可挽回的损失”。从这一案例中可以看到，国家高度重视种质资源的保护，原因就是其在国家粮食作物的保护、开发与利用方面的重要性，对维护国家粮食安全有着重要意义。

中国是人口大国和粮食生产大国，中国的粮食安全问题同样处于粮食危机的阴影之下。如何让人民吃得饱，吃得好，尽可能地保障国家粮食安全，是我国自改革开放以来一直在着力解决的问题。相关研究初步发现，温度升高、农业用水减少和耕地面积下降，将使中国 2050 年的粮食总生产水平比 2005 年下降 14% ~23%。研究亦指出，如果夜间温度升高 1℃，水稻将减产 10%。再者，受气候变化影响，温度升高将加剧中国北方地区水资源短缺，特别是在北方干旱和半干旱地区情况更为严重，干旱使农作物生长缓慢甚至停滞，造成歉收或绝收。靠天吃饭，农业生产从来就不像想象中的那么简单，一米一饭，一饮一啄，都在用它们的味道告诉我们，国家粮食安全从来都不是一个人的事；在粮食安全问题的处理上，整个民族需要为之牵挂和付出努力，如何确保把饭碗端在自己的手上，是一个巨大的时代命题。

如果说袁隆平先生研发的杂交水稻解决了中国人吃得饱的问题，那么子腊香稻米就是解决中国人吃得好的问题的生力军。在陈茜和子腊村民的共同努力下，通过岩锣村米厂的加工及与步步高集团的合作销售，子腊贡米被销售到了全国各地，生活在城市里的人们，也能享受到这份来自密林深处、山野之间的美味。而同时，子腊老谷种的再度使用，也提醒人们应高度关注种植资源保护、粮食生产安全等国计民生问题。在陈茜等人的宣传与带动下，吉首大学历史文化学院院长罗康隆教授也开始在自家院子中种植老谷种的子腊贡米。随着子腊贡米的名字逐渐从花垣县飞向全国各地，子腊老谷种以及子腊贡米复合种养系统一定前途光明，其独特的生态种植系统也有望再上一层楼，即在未来的日子里，向世界申遗进发。

摘帽：苗家贡米助力脱贫的路径选择

第五篇

夜郎坪：高山大米之乡

一、路遇老卫城

抵达花垣调研的第四天晚上，正赶上一场瓢泼大雨，山野间的雨噼里啪啦地敲打着窗户，嘈杂的雨声进入耳中。我们置身于山里的宾馆，躺在床上，闭上眼，仿佛看见雨水流淌过湿润的土地，树叶被压弯了腰，山雀躲在小小山洞里，扑棱着翅膀；鼻尖嗅到的是泥土潮湿的气息，间歇还夹杂着一些草木的香气，漆黑的夜晚，有山野的梦境伴着我们入眠。

清晨起床，我们坐上包租好的苗族阿哥的面包车，因为时间太早，大家的意识还是朦朦胧胧的，小哥贴心地帮我们关上车门，放了一首舒缓的音乐，便驱车前往了我们今天要去的目的地——花垣县夜郎坪村。因为夜郎坪生产的崇山贡米稻谷是岩锣村米厂的重要来源之一，所以我们想探个究竟。

透过车窗向外望去，我们先是经过了一条小街，各式各样的小餐馆错落排列，早上食客稀少，扎着深蓝色头巾的老板娘坐在门口的石坎上，慢悠悠地剥着花生，旁边梳着两个小辫儿的小姑娘写一会儿作业，就从小盆里拿一颗花生出来吃，时光就在母亲剥开的香甜花生中慢慢流过。离开了小街，大片大片的稻田突然映入眼帘，在城市生活太久，见惯了冷冰冰的高楼大厦和粉刷完美的柏油马路，已经很多年未曾见过这般大片鲜活的颜色了。嫩绿的稻穗在晨风中微微摇晃着身子，目之所及，这绿色的稻田竟好似看不到尽头。再往前开了一段路，我们就驶入了一条长长的山路，左侧是黄褐色的山脉，右侧是成排的树木，绿树掩映之下，晨光穿过枝丫，闪射在我们的手心上，我们伸出双手，仿佛就要抓住一个个小太阳似的。

看我们都被窗外的景色吸引，苗族阿哥开始和我们攀谈起来，我们好奇地问他，夜郎坪究竟是个什么样的地方，它有没有什么感人的历史传说呢？阿哥思索了一会儿，不好意思地说，夜郎坪那边的情况不太清楚，但去夜郎坪的这条路上，有几个很有意思的故事。阿哥熟练地打着汽车方向盘，指着对面山头说，那边山里有一处景点，叫仙人桥，桥横跨山间溪水，溪水旁有一棵巨大的树，树冠把仙人桥完全笼罩起来，非常茂密。后来，人们发现这棵树冠浓密的大树就是珍贵的金丝楠木。传说，因桥上有仙人走过，所以凡是从树底下的仙人桥走过的人，其一生无病无灾，身体健康。于是，四面八方的游客慕名前来观赏这座神奇的仙人桥和这棵珍稀的金丝楠木。后来，省里的专家专程过来考察，觉得这棵金丝楠木太珍贵了，便把这一片地区保护起来，不再对外界游客开放了。随着苗族阿哥的神秘讲述，眼前仿佛出现了一个画面，山里深处，在丛林的掩映之下，突然出现了一座小桥，桥下一汪溪流，潺潺的流水在山间流淌，而在小桥的旁边，是一棵高大的金丝楠木，金黄色的树干让它在阳光的照射下仿佛散发出了层层叠叠的金光，置身于此，就如同仙境一般。

“哦，对了，好像这里还有一个传说”，苗族阿哥的声音把我们拉回了现实，“听家乡的老者提起过，这附近有一个老卫城遗址，据说是古代的城池，但具体的情况就不太清楚了，如果你们想去看看的话，顺着这条山路，带你们去打听打听”。我们听了，赶忙答应了下来。车子在山路上飞快地行驶，不一会儿就进入一条更为宽敞的道路，路的两旁有了人烟，我们向一个骑着三轮车的老奶奶询问了有关老卫城遗址的位置，她说老卫城遗址确实在这附近，但具体在哪她也不清楚，她建议我们去问前面一户马姓人家，他们应该对当地历史很了解。说着老奶奶便带我们来到了一座二层的小砖房门前，房子旁边被屋主人开辟了一片菜地，里面种着辣椒、豌豆等蔬菜瓜果，像是一片丰富的小天堂，各式各样的蔬菜瓜果被分开排列，红的、黄的、绿的、紫的，五颜六色，十分可爱。一位老爷爷挎着个小菜篮，在田地间摘菜，老奶奶上前和他讲述了我们的来意，老爷爷直起身，爽朗地笑着说：“你们想知道老卫城的事情呀，跟我来吧，我带你们去看那个遗址吧。”在接下来的交谈中，我们得知了老爷爷姓马，从小就在卫城村生活，年轻时他曾去外地打工，赚了点钱，等老了，他不想留在繁华的城市，便回到了自己出生的地方，请人修了一座房子，自己又开辟了一片田地，平日里就是种种菜、钓钓鱼，生活可比在城里的时候舒坦多了。

图 5－1　老卫城遗址碑

正说着，穿过了马爷爷家后面的一片树林，我们在山林间越走越深，随着树木的增多，天空被遮住了一大半，天色开始暗下来，我们走到一块空地上，看见了被低矮的树丛包裹着的一块碑。那是一块一眼看去就能够感受到历史沧桑的石碑，风沙的吹拂在碑面上留下了犹如古代城防图一样的图案，中间用红色字标识“老卫城遗址”，下方一行小字为“湖南省省级文物保护单位二〇一一年一月二十四日公布，花垣县人民政府二〇一二年六月二十日立”，碑台周围堆积了长久无人清扫的枯枝落叶，为这个地方平添了一份落寞和寂寥之感。

马爷爷告诉我们，老卫城原名崇山卫，位于花垣县南39公里的吉卫镇卫城村，始建于南宋时期，系土城。城壕系人工挖造，所取土均用以夯筑城墙。老卫城遗址是湘西北地区目前发现的唯一设在苗族腹地的卫城遗址。据《永绥厅志》等文献记载，目前的老卫城遗址正是元末明初朝廷所设军事机构崇山卫故址所在，遗址平面略呈椭圆形，周长为2.2千米，面积约为35.0万平方米，为湖南省第九批省级文物保护单位。现今地表可见高大的土筑城墙，东、西、北三面城墙外还可见明显的人工挖造城壕。遗址区域保存较好，以开垦为耕地的低矮山地和丘陵为主，仅西墙、南墙附近有少量房屋建筑。

据专家考证、出土文物及史志简略记载，明朝军队编制采用卫所制，在全国各要地设立卫所。一州设所，数州设卫，一卫约有5600人。此外，土司制度是元、明、清王朝在少数民族地区设立的地方政权组织形式和制度。土司又称土官、土酋，是中国古代一类官职的统称，用于委任西北、西南地区的少数民族部族头目，以夷制夷。当时中原王朝在与老司城相距百余里的地方设置了这座崇山卫军事城池，目的是一方面把有效的管理网络伸进武陵山区；另一方面崇山卫所在的吉卫地区，“四面环山，龙盘虎踞，真王地也”，屯兵老卫城，可策应大湘西；同时还可以协理诸边货殖源源不断地解送至应天府（南京）。这条路一旦打通，就一通百通，后来修建北京城，大批量的楠木运送也需要强有力的军事管理。

于是，经年累月的工作让台地上的荒野一截截撤退，墙基数十米，顶宽三米，高达十米的城墙合围了古老的土地，七十二行来了，百千工匠来了，最先建起的是崇山卫千户所衙门，然后是满足屯兵所需要的演武场、跑马场、营房、戏台、荷花池……总之，一所城池该有的都必须有，这是统治者计之长远的决心。所有的工匠都没有名字，他们所要的仅仅是三餐果腹抚老幼，一日有酒辄酣眠。

关于老卫城，马爷爷说还有一段传奇故事。相传明朝一位杨姓将军，他拥兵自重，皇帝朱元璋就把明朝的一位公主下嫁给了他，并在湘西境内设置了一座土城，以管理湘西的少数民族，同时守卫明朝的疆土。杨将军带着公主在这里扎了根，可好景不长，附近的苗族首领想要统治这一片土地，于是就派兵攻打了土城，杨将军寡不敌众，最终败退逃跑。公主被困在了城里，于是新上任的苗族首领就将公主留了下来，作为自己的压寨夫人，皇帝听说了此事，大为震怒，但木已成舟，再加上当时的公主已怀有身孕，在万般不愿之下，只好将原来的土城改为老卫城，任命当时的苗族首领为这一片土地的长官。明末清初时，老卫城因为城民四散逃跑，最终被荒废了。因为“老卫城”历史年代太久远，城废又过早，现在的我们很难看到过去老卫城的痕迹，我们失望地向北边走了走，听马爷爷说那边还遗存有一些土墙、北门洞口、砖瓦碎片、跑马场地的痕迹，但当我们来到北边时，看到的却仅是面目全非、一片荒凉的山野。

看完石碑和遗址在往回走的路上，我们突然发现路边出现了几只奇特的小鸡，它们的脖子十分细长，浑身的羽毛呈现火红色，看起来就像是火烈鸟的缩小版。马爷爷见到我们惊奇地看着那些动物，笑了笑，朝我们解释说，那是村民们家养的鸡，不知是否和这里的环境相关，这儿的鸡和他在城市里见过的鸡可以说是大不相同，有些小鸡一出生就是一种奇怪的形状。对这种现象的出现，我们只能感叹，大千世界，无奇不有，说不定这些鸡的外貌也和老卫城的历史有着千丝万缕的联系呢。

告别了马爷爷之后，我们再次坐回了那位苗族小哥的车，踏上了前往夜郎坪的道路。面包车在山路上飞快地穿梭，我们看见远处的山林间有什么东西一闪而过，不禁想起了那位后来被苗王强占的公主，她是否也曾害怕迷惘，在深夜之时思念过应天府巍峨的宫殿呢？这一切我们都无从得知，就让这位红颜美人随着老卫城的消亡被掩埋在历史的尘埃中吧，她的灵魂将会在山野中安息。

图 5－2　老卫城遗址航拍图（粗线内为遗址）

二、夜郎坪与崇山贡米

我们驰骋在通向夜郎坪的平坦顺畅的马路上，望着路两旁一畦畦绿油油的秧苗，它们在微风的轻拂下如海浪般起起伏伏，仿佛在欢迎远道而来的人们欣赏这生机勃勃的希望。稻田的周围是群山层峦，是镶嵌在天边的苍翠峭拔，虽然个头不高，但依然挺拔屹立在稻田身旁，如一个个卫士般守卫着璀璨的希望之苗。眺望着这一片片的稻田，我们仿佛能看到丰收时稻子灿烂的金黄和农民愉悦的笑意，这广袤的天地给夜郎坪村的人们带来了对生活的憧憬与对未来的期盼。正如一首苗语诗词形容的那般："腊乙德高玛汝地，陆拉己见弄饶刀。比高比惹没汝度，土版都脉密务捞。"朴实直白的词句将这里的地容地貌展现在世人面前，纵横交错的田野水塘、丰饶的物产为夜郎坪村增添了足够的色彩。

图 5－3　进入夜郎坪村村口的石碑标识

徜徉在稻田的清香和空气的清新中，我们逐渐走近夜郎坪村。通过苗族阿哥的介绍，我们知道了夜郎坪村不仅景色优美，还有很有趣的传说与之相关。夜郎坪村是 2016 年改名的，由吉卫镇的腊乙村和下水村合并而成。而据考证得知，夜郎坪之名早在隋唐就已存在，明朝时夜郎坪处被设置了崇山卫，即守卫一方要塞的重要军事基地后，更增设了崇山千户所，从现存状况来看，崇山卫和崇山千户所遗址都在花垣县吉卫镇老卫城村被发现，而如今的夜郎坪村由这周边的村寨合并而成，那么借由古时的名字倒也不可分说。夜郎也是李白诗中的"过客"，即"天地再新法令宽，夜郎迁客带霜寒"。而"夜郎自大"里神秘的夜郎国虽说具体遗址目前仍无法划定结论，但相信地处湘西的西部，夜郎坪与古夜郎有地缘及建置等的关联吧。所以，为了更好地发掘和研究这里的夜郎文化历史和文化遗产，合小乡并小村政策开始实行后，新的村名即夜郎坪村就成了腊乙村与下水村合并后的新名字，“我寄愁心与明月，随风直到夜郎西”的意境也昭示了当地人民对夜郎坪村历史溯源和未来期许的殷殷肯定。

走进村子，除了仍然可见的山峦层叠和稻田相间，还能看到排排坐落的水泥瓦房等更具现代化的基础设施，无一不彰显着这里人民生活的向好。迎接我们的是远近闻名的田金珍支书，即那位带领夜郎坪村脱掉贫困枷锁、奏响生活高歌的模范村干部。只见她穿着苗族传统的衣裙，虽然没有环佩相当，没有繁花似锦，但展现在我们面前的是一位着最具传统文化风味服饰、做最具影响力事业的不折不扣为人民服务的党员。走在乡间路上，也不乏看到很多人穿着传统苗族服饰样式的衣裳，但又兼具现代服饰的简洁明了。田书记告诉我们，她觉得民族的就是流行的，要是没有人穿着它，随着时光流逝，传统就会消失了。所以她认为将其传统元素结合实际生活需求进行改良，绣上合适的花纹样式，既能展示民族色彩，又能展现自己的喜好手艺，所以久而久之村里人都喜欢穿自制苗服。从她口中得知，现在村里经常开展苗绣培训班，从 2014 年开始，基本上一期十天，有专业老师教授，培训班不仅吸引很多人参加，以学会一技傍身，还安排苗绣产品任务，按完成度和精美度可以得到补贴，因此每期都有很多人争先恐后报名学习。这也是夜郎坪村发展产业的又一分支表现。

可谁能想到这里即使土地面积广阔，作为湘西粮仓的富饶种植地，在以前仍然没有富起来。夜郎坪村的面积为 4. 0677 平方公里，是花垣县最大的苗寨，水田面积达到了 2545. 5 亩（169. 70 公顷），旱地面积则有 3632. 6 亩（约 242. 17 公顷），是湘西主要粮食作物种植地，素有花垣鱼米之乡的美称。但是在 2014 年前，全村下辖的 21 个村民小组

506户中仍然有近一半的贫困户。田支书说以前这里被周围村寨认为是最落后的地方，嫁不出去的女儿才到这里来。但是随着国家精准脱贫政策的广泛推行，全村近些年来围绕着脱贫攻坚的责任、政策、工作进行“三落实”，驻村帮扶工作贯彻“三个一”[①]，教育、医疗和住房的“三保障”的几个“三”政策，积极帮助村民创收增收，解决富饶土地在手上，但贫困帽子戴头上的矛盾局面。基础设施上从通村路到主干道路都进行了修建拓宽，不仅提高了村民出行的便利性，还解决了运输不便的问题；社会保障上完善了相关医疗救助保障政策及措施，还对村民安全住房、安全饮用水及用电用网等生活方面进行了完善保障；种植条件上对稻田进行了整合修建机耕道，更有利于机械化操作，既提高了生产效率还减轻了人力负担。一系列的措施相继被应用实施，使整村有所起色，于2018年甩掉了贫困村的帽子。但脱掉贫困的枷锁当然不能仅仅靠解决贫困问题，还需要找到增收产业，因地制宜提高整体收入，做到脱真贫、真脱贫、不返贫。

夜郎坪的脱贫，首先从苗绣产业开始。田支书为乡村留守儿童拍摄的《千里寻母记》在全国引起了广大的反响后，无论是电视中对留守儿童的描述，还是服装道具的展示都给广大群众留下了深刻的印象。正是在那时，苗服开始走向大众，被大众追寻和认同。而也正是田支书的敏锐洞察，及时创办了苗绣协会，开始了苗服的规模生产。苗服的特色不仅体现在色彩的对比性上，还需要苗绣的规整性与对称性，这也是苗绣产业得以抓住先机而发展的原因。田支书指着她身上精美的苗绣说，这么好的苗绣不发扬推广，直接埋没就太可惜啦。她说以前大家只有在赶集或者盛大节日时才穿苗服，避免磨损，但是现在这些衣服图案可以

① “三个一”指制定一个方案，开好一次例会，结好一个对子。

手工绣制，也可以机器绣制了，生产一件苗服再也不是难题，大家便平时也穿起苗服，展示自己民族的美丽已然成为习惯。而且不仅苗民们愿意拾起苗服穿，其他民族的人们见到如此精美的苗绣服饰也如获至珍。所以苗绣协会从刚开始接受度不高，只能卖出老绣片，到绣服上镜多后逐渐被人疯抢的趋势，也促使苗绣真正成为产业被发展起来，村里购置家庭机器，定期进行技能培训，召集农闲时的村民进行苗绣生产，不仅增加了村民收入，还能让村民在家就近工作，缓解了留守儿童矛盾，真正做到了一举多得。

然而，单单依靠苗绣产业无法满足整体脱贫的需求，还需要找到能大规模生产、满足大多数人发展条件的产业才能真正助力脱贫。所以，作为有湘西粮仓美名的种植业就被夜郎坪村划定为主要发展产业，可究竟种植什么才能摆脱贫困并且还能致富呢？夜郎坪村尝试了其他各种方案都不适合，最后还是决定大力发展高山水稻种植业。虽然这里适合种植水稻且丰收日盛，但是由于刚开始缺少销售渠道和宣传手段，大米收获了却卖不出去，这可急坏了村干部们。田支书说，当时困难到他们销售时自带被褥在花垣县城扎根，身上铆着一股不把大米卖出去不回家的劲儿，才最终将大米倾数卖尽，但这也为他们上了一堂关于优化销售渠道和宣传方式的课。日后他们不仅找到了与政府对接合作促进定额销售的路径，还找到了与湖南贡米农业有限公司（岩锣村米厂）进行合作寻求专业帮助的路径。现在夜郎坪村正按照“支部＋合作社＋基地＋贫困户”的发展模式，建立以优质水稻为主导产业，实施求新求变的发展思路，相信不久的将来湘西粮仓将在大米市场上大放异彩。

虽然水稻种植业的主导地位被确定了，但积极发展其他产业，寻求多渠道发展之路也成为夜郎坪村的产业发展方向。出于历史原因，夜郎坪村的留守儿童和老人居多，劳动力不足，所以发展不需要大量劳动力

图 5－4　崇山贡米基地牌坊

又可在碎片化时间进行的产业就成为夜郎坪村亟待解决的问题。田支书从她爱人养蚕的经历中受到了启发，于是经过村委积极商讨和尝试，桑蚕养殖产业最终被确定下来。因为桑蚕养殖产业中，当地百姓不仅可以灵活做工，也可直接销售蚕茧，还能加工、销售蚕丝制品，这不仅解决了百姓多种方式赚钱的问题，而且解决了多种方式销售的问题，夜郎坪村便利的桑树种植条件，桑蚕养殖技术需求难度低，都是桑蚕养殖产业被最终确定为夜郎坪长期发展的产业优点所在。田支书告诉我们，现在村里的低保户都能用上蚕丝被，也体现了夜郎坪村发展蚕桑业的顺利与富足。“别人说幸福的明天更美好，我不相信明天，就相信今天，所以要过好今天的生活。”田支书始终认为把今天过好，才是切合实际地过日子。是啊，夜郎坪村的整体脱贫，确实离不开坚定的信仰和踏实的努力，走好实干的每一天，才能得到希望的每一刻。

靠着自己勤劳的双手创造生活的夜郎坪村人，终于不仅甩掉了贫困的帽子，还为自己的生活走向富裕构建了美好的蓝图，“夜郎不再自大而是自信”，这已然成为夜郎坪村新的名片宣传。摘帽的历史已走向过去，致富的未来等待开启，夜郎坪村终将成为李白梦回的夜郎。

夜郎坪村的脱贫摘帽的确源于重点发展了苗绣产业、水稻种植业和桑蚕种植业，其中苗绣产业与桑蚕种植业密切相连，在此不多提。那为什么水稻种植业却一直能成为脱贫摘帽的主导产业呢？究其原因，这里生产的水稻属于高寒山区水稻，受独特地理环境影响，是生产享誉湘西苗寨的“崇山贡米”的原材料。

如前所述，当我们离开老卫城，刚来到夜郎坪，看见遍地的稻田时，那里的老农就给我们讲起崇山贡米的故事来。崇山贡米源于崇山卫，与我们此前路遇探访的老卫城相仿，经过了漫长的历史，崇山卫如今只是一个只闻其名，无法探究其具体风貌的遗址。从已有的资料来看，崇山卫的出现和建立大约是在明朝时期，史载 1368 年，也就是明朝朱元璋登基的那一年，湘西这一片地区便设立了崇山卫和崇山卫千户所，这也是明王朝在湘西一带设立的第一处卫所机构。

崇山卫是明代卫所名，为明朝洪武元年（1368 年）辰州卫指挥使所创军事卫署，这是明王朝在湘西一带设立的第一处卫所机构，也是明代在湘西苗族居集山区的腹地修建的重要军事建筑设施，位于明代西部边陲苗族聚居山区夜郎坪，现存古城遗址在今湘西州花垣县吉卫镇。那么，该卫所为何被冠以崇山的名字呢？今人从历史典籍中找到了答案。《尚书・舜典》中曾记载：“流共工于幽州；放驩兜于崇山；窜三苗于三危，殛鲧于羽山，四罪而天下咸服。”这其中所说的崇山，据考证位于永定（大庸）境内，其地葬有驩兜，而花垣的崇山卫也就是根据古典记载的崇山所命名的。而设立崇山卫的目的也就是“永保绥靖”。这也说明吉卫一带很早就是湘西苗族人民的聚居中心。不过，在明朝以前，吉卫一带曾长期属溪洲土司管辖，为了防范和监视土司苗民作乱，明王朝才设立了这个卫所政权。

千年后的我们来到吉卫，问起当年卫城的情况，年轻人已大多不太清楚来龙去脉，只有上了年纪的老人还能讲述当年卫城的历史。崇山卫古城作为永绥古老的厅城所在地，虽然消亡已久，但是其悠久的历史将具有永不消逝的魅力。

夜郎坪之所以能种植出量大质优的贡米，也和史实有着很大的联系。史载在明朝洪武元年（1368 年），辰州卫指挥刘寅在湘西苗族聚居山区腹地筑建卫署，改夜郎坪而设崇山卫寻省卫，以杨仲名为指挥佥事，置崇山卫。这也是夜郎坪与崇山卫最初的联系所在。因当时崇山运转粮饷艰难，不久降为崇山守御千户所。这一卫所的寿命不长，因屡遭苗民进攻，中间只过了 30 年，守城明军即以“羊蹄擂鼓、饿马摇铃”为计，悄悄撤离此城。洪武三十年（1397 年）革崇山千户所，置镇溪军民千户所。由此可以看出，明军的撤离不仅和苗民的进攻有关，还和当时崇山卫粮草缺乏、粮饷运输不畅有关。当时的夜郎坪人民因为缺乏粮食而失去了自己的家园，粮食的重要性早已深深地刻在了人们的记忆中，粮食短缺的痛苦伴随了他们很长时间，也激励着他们不断尝试新的种植方法和种植品种，实现粮食自给自足，让人民不再受饥饿之苦。

夜郎坪为花垣县最大苗寨，素有花垣鱼米之乡之称，有水田面积 3217 亩（约 214.47 公顷），是湘西主要水稻生产地之一。当地属于高寒山区，平均海拔 800 多米，每年水稻收割时间都比其他地方晚一些。每到秋季，风吹麦浪，秋阳高照，正是村里合作社收割最后一批水稻的好时机，金黄色的稻穗被农民和机器一片片割下，辛勤的汗水换回人们喜悦的笑容，崇山贡米的种植生产，带来的是新的希望和未来无限的可能。

2013 年 11 月 3 日，习近平总书记在十八洞村调研时提出了“实事求是、因地制宜、分类指导、精准扶贫”的重要战略思想，同在湘西花垣县的夜郎坪也如醍醐灌顶一般找到了一个可能的方向，自那以后，夜郎坪村上下统一了思想——“我们也要因地制宜，找准自己的增收产业”。

夜郎坪村平均海拔高、地势平坦，常年空气湿度大，昼夜温差大，历来以盛产优质大米而著称。早在400多年前，“崇山卫贡米”在清代乾嘉年间就因被当作贡品进奉朝廷而名噪一时，所以该地素来有花垣“鱼米之乡”粮仓的美誉。但随着时代的发展，农村的机会减少，近些年，村里村外大量年轻劳动力外出务工，去大城市打拼，全村2000多亩（约133.33公顷）农田抛荒面积达1/3，“崇山卫贡米”在年轻人的外出中也就逐渐没落了。

“利用好农田，种植优质大米。”这是当时的村支部书记田金珍给村民们立下的誓言。明确定位后，2014年的春天，在县城市管理行政执法局驻村工作队的帮助下，夜郎坪从农村商业银行贷款30万元，流转农田750亩（50公顷），种植福社大米、泰优390、中优818、红米、黑米等品种，并成立了吉卫镇腊乙传统水稻种植专业合作社。

我们采访了在路边晒太阳的石爷爷，他抽着烟，眯着眼告诉我们：“我们都用草木灰、农家肥做肥料，不用化肥。”为了确保大米品质，促进水稻茁壮成长，合作社会在3月至6月进行施肥、育苗、移栽、追肥各一次，并采用人工除草，一年进行两次，打造无公害绿色大米。因为采用原生态种植方式，崇山卫大米的生长周期很长，每年从4月持续到10月，共需180天至200天。种植第一年便迎来了丰收，红米、黑米亩产500多斤，福社大米亩产600斤左右，泰优390、中优818亩产达1200斤。

石爷爷还告诉我们：“粮食刚刚产出的时候，我们定价在6元一斤以上，当时没卖过，怕没得人买。”在第一年的秋收后，村民们纷纷担心大米销路问题，幸好，后来在县电视台驻村工作队等部门的帮助推广下，夜郎坪的村民们在县城边城广场设点销售，30多万斤大米不久便销售一空。

因大米品质优良、颗粒剔透、富有弹性、绵软糯滑、入口甜香，直链淀粉、脂肪酸含量低，营养价值高，产出的第一年便打开了市场。随后几年，夜郎坪村崇山卫大米声名远播，长沙、吉首等地的不少消费者纷纷慕名而来。

“我们已经注册商标，也获得了有机转换认证。”村支部书记田金珍介绍。崇山卫贡米于2016年开始申请有机认证，专家团队经过1年的跟踪取样检测，2017年3月成功取得有机转换认证证书。

2017年8月，新一轮50名黑土麦田扶贫专员进驻花垣县开展为期两年的帮扶工作，其中夜郎坪村共派驻2名扶贫专员。在扶贫专员的帮助下，如今夜郎坪村有了网上销售平台，崇山卫贡米通过加工包装后，已从线下转移到线上进行销售。“现在在网上卖了，我们只管攒劲种。”种植大户龙秀银激动地说。目前，夜郎坪村主要采用“合作社＋农户”的发展模式，已带动60多户农户参与其中，其中贫困户达30多户，100多人还通过在合作社务工实现增收。

“如今已有100多人返乡发展，我们村又开始热闹起来。”村支部书记田金珍告诉我们，当前崇山卫贡米供不应求，来年还将继续扩大种植规模，力争通过几年时间覆盖村里所有农田，并逐步打造成村集体经济，让村民安心在家创业就业，带动全村致富奔小康。

光明的未来，深深藏在夜郎坪人民的汗水和智慧中。

三、夜郎“自大”成为夜郎“自信”

一出门，便与大自然撞了个满怀，于是满心欢喜，又忽觉有缕微风轻轻拂过脸庞，轻柔得似是婴孩肉嘟嘟的小手无意中掠过。你踏步前行，欣赏着沿途美景，乡村清明透彻，无一丝嘈杂和纷扰。一望无际的田野上，是绿油油的稻子在随风起舞，就连那满口黄牙的玉米，发觉你来了也挺直了腰杆，似是炫耀着它胜利的果实。远处的青黛之上，一片茶籽树焕发着无尽的生机，意犹未尽地望着我们。所有这些，就是如今盛夏的夜郎村的风景基调。

然而，当你正感慨于此情此景的美好时，有可能会忽略了这生机背后曾经的无尽荒凉。当村民因缺衣少食而瘦骨棱棱，当孩童朴实的脸上难见笑容，当面朝黄土背朝天的农民穷其一生，看到的也许是同样的山与水，在那时，他们迫切需要的便是从这贫困的泥潭中被拯救出来，但他们又是那么的无奈和无力。他们所拥有的只是一份蛮力，一份纯朴，一池山水；他们缺少的只是一个契机罢了，契机来临，他们便能逃离这贫困的深渊。

“没有哪朵花能够拥有整个春天，但每朵花都有属于自己的芬芳；没有哪个人能够拥有整个世界，但每个人都可以拥有自己的骄傲。”这是澜涛在《每个人都有自己的骄傲》中所说的一句话。所以我们才更应该相信，这群农民在受到帮助后一定也能拥有属于他们自己的骄傲。

上苍给予了夜郎坪极佳的地理物质条件：优渥的土地，物产丰盈，风土人情无一不让人惬意。然而800米的高山，阻挡了无数苗寨人民向外探求的心。封闭的自然环境和落后思想使夜郎坪得以骄傲的资本渐渐暗淡，使得当地错失了“崇山贡米”发扬光大的契机。虽然近几年夜朗坪的发展态势向好，但是水旱两灾仍然时有发生，致使该村少数依靠天力耕作的农户返贫，无力脱困，脱贫形势仍旧十分严峻。且该村的部分残疾人、智障人、有重大疾病的人基本上完全依靠政府低保以及家人供养度日，这些人的思想较为落后，致富能力有限，又缺乏开拓创新精神，使脱贫致富工作的开展进度更为慢滞。

或许是山重水复疑无路，柳暗花明又一村。随着精准扶贫政策的落实，扶贫的号音终究也触及了这遥远朦胧的夜郎坪村，百姓也终于找到了自己生活的方向和路径。为了认真贯彻落实中共中央办公厅、国务院办公厅及州、县精准扶贫工作的统筹安排，夜郎坪村人在县委、县政府和县扶贫办的正确领导下，在社会各界的鼎力帮助下，紧密团结村支两委，精心组织、多方整合资源，认真贯彻落实精准扶贫政策，走好脱贫摘帽之路。

曾几何时，这群普通可爱的村民尝试过种黄皮梨，几经艰辛只为等待一颗颗果实的长成，丰年便是他们的期许，最朴实的笑容涌现在夜郎坪百姓的脸上。他们一筐接一筐地将他们的辛勤成果运出这个交通不便的乡村。他们的满心期许是以为辛勤便能收获回报，现实却是由于销路不畅，一个个得来不易的山梨，最终只能化为腐烂的弃物。田金珍村支书每每提及这种情况，眼中便噙满了泪水。如今的夜郎坪村呈现出一片欣欣向荣的景象，却从未有人想过，这背后曾经有着多少难熬的困苦。

田金珍自担任村支书起，就亲自扛起了夜郎坪村脱贫致富的大任。田支书曾邀请村里有名望的人共同召开了一个会议，会上主要讨论了夜郎坪村未来的发展方向，着重研究了可持续化发展的具体举措。村委会的成员们曾讨论过很多种方法，也尝试过很多种方法，其中不乏养猪、种蚕等基础产业，但这些产业的开展往往需要大量的资金以及技术作为基石。资金和技术的问题对于这样一个小山村而言，无疑是最大的短板。就在这时，田金珍支书毫不犹豫，表示无论是采取贷款还是其他任何方式，都要将这个问题解决。过了这么多年，田金珍支书的家中仍然处于还债的状态，但田支书依旧表示不悔当初！

在发展产业的同时，田支书也没有忘却对传统民俗文化的传承。苗寨的一些独特习俗，诸如赶秋风俗以及苗绣之类的技艺，田支书从未选择忽视，并特意开设了教授村中小女孩及老人苗绣技艺的教学班。在调查中，我们发现每个学习苗绣的人都很认真，他们用一丝一缕编织成美丽的图景。在学习苗绣的过程中，他们受到了传统文化的浸透，也为苗绣成品的未来销售奠定了基础。据了解，苗绣是夜郎坪村的一大经济来源，一个资质合格的绣娘一月的收入大概可以达到4000元，可见将苗绣以手工艺品的形式进行产业化运作，是夜郎坪村实现脱贫的一大助力。

说到传承，夜郎坪的油茶种植和冶炼技术也是十分值得传承的文化，继而衍生出新的产业链。夜郎坪村是吉卫野生油茶天然分布区，历史十分悠久。宋末元初之时，便已大量种植油茶，至民国二十四年(1935年)，茶油产量就已达到二十万公斤的极高产量。民间曾有族谱载道："各房裔孙，不得砍伐油茶，违逆者，或断臂，或断指，或沉塘。"这种严规惩处的条令起到了一定的威慑作用，也使夜郎坪油茶得到了相应的保护。在此还需一说的就是田支书的公公，他不仅是老村支书，还是最原始的榨油手艺传承者。为了保持油茶最纯真、最天然的味道，这位老人一直都在研发如何更好地利用原始的手段提取茶油的器具。也正因如此，纯手工制作的茶油不仅是一简单的食物用品，而且它本身被赋予了许多民间故事，也承载了制作者诸多的智慧和匠心。

此外，前文所提到的因销售渠道稀缺，导致夜郎坪农产品滞销的问题，在田支书的不断探索下，最终也找到了解决之道。从培养网红，到经营抖音号，再到找到合作公司，其间所走的每一步，都不仅彰显着田支书自身超强的学习能力和组织能力，也彰显着夜郎坪村民摘帽奔小康的巨大勇气和自信。欧洲流传着一句名言：“技能和信心加在一起，便是一支无往而不胜的军队。”田支书努力为村民谋福利的用心以及广大村民的努力，就如同一排排攻坚克难的士兵，势如破竹般将贫困的堡垒瞬间摧毁，将幸福的防线一步一步向前推进！曾经广为流传的夜郎“自大”和“自卑”，也慢慢变成了村民口中和田支书眼中的夜郎“自信”！

夜郎坪村的扶贫摘帽取得了可喜的成绩，为我国少数民族地区脱贫攻坚递交了一份满意的答卷，请慢慢品鉴调研数据吧：夜郎坪村建档立卡户 188 户 925 人，2018 年已脱贫 177 户 883 人，2019 年预脱贫 10 户 37 人，未脱贫 1 户 5 人（兜底户）。现有耕地面积 2545.50 亩（169.70 公顷），其中水田面积 1912.90 亩（约 127.53 公顷），旱地面积 632.60 亩（约 42.17 公顷）。每个村民小组都实现了通路、通电、通电话的基础生活条件，该地如今交通较为便利，村民的生活也基本迈上了正轨。

在基础建设方面，为了方便两村合并后村民群众日常事务的办理，该村在县政府的帮助之下投入了 100 万元资金进行新村部的建设，并于 2018 年 5 月全面完成建设。新村部的建设，在有效改善村两委办公条件的同时，也为村内群众提供了更宽敞的公共健康活动场所。

此外，为促进乡村多方面、优质化、持续化发展，作为基础性工程的教育建设必然是不可或缺的。所以，夜郎坪在 2018 年就选择了开展文明创建进农家活动，并按照“乡风文明”的要求，加强人口计生工作，使得计划生育检查达标合格，综治工作检查达标合格。不仅如此，关注驻点村留守儿童，一年为留守儿童办实事 3 ~5 件，确保驻点村适龄、健康儿童全部入学，也是该村所一直坚持推进的事情，其加大对困难户子女九年义务教育和接受高等教育的资助力度，大力宣传开展雨露计划，帮助经济困难家庭学生顺利完成学业，尽最大努力杜绝贫困家庭因学致贫、因学返贫的现象。与此同时，从根源入手，进一步加大贫困生家庭救助力度，确保每一个小学生不因家庭经济困难而丧失获取知识的第一个机会。

在产业扶贫方面，为认真贯彻落实国家精准扶贫项目政策，促进和完成结对帮扶、脱贫致富奔小康目标任务，该村通过入户调查走访，掌握了本村实际情况，通过有效的交流了解了贫困户的现状以及未来的发展意愿。政府为了帮助贫困户脱贫，选择以种植养殖项目开发的方式来实现精准帮扶。在这一过程中总共投入资金 163.5368 万元，其中启用国家项目扶贫资金 135.6000 万元，贫困户自筹资金 27.9368 万元，其中大部分资金用于发展桑蚕养殖、莲藕种植、烤烟种植、优质稻、稻花鱼、生猪、山羊养殖帮扶项目。在每年的项目实施过程中，夜郎坪村联系专业的种养殖技术人员和执法局全体结对帮扶干部，采取技术支持服务和结对帮扶跟踪，按照国家项目发展要求，教育引导群众科学种植与喂养，持续发展生产规模，使全村贫困户家庭收入稳定增长，确保长期致富，最终达到脱贫奔小康。

在增加村集体经济收入方面，该村选择加强农业基础设施建设，加大农业综合开发投资建设力度的方式。在村委会和驻村工作队的研究下，在结合该村实际生产条件的基础上，发展村集体经济烟叶种植 100 亩（约 6.67 公顷）。该项目实施之后带来了巨大的效益，可直接带动夜郎坪村 21 个村民小组，并解决村里建档立卡贫困户部分劳动力就业的问题。夜郎坪村集体烟叶项目预计总投入 22.00 万元，预计可得收入 33.75 万余元，盈利 11.75 万余元。门面经济收入 5.00 万元，实现村集体经济完成 16 万元收入，夜郎坪村达到了国家贫困村脱贫标准。

有人说城市的繁华是乡村的贫瘠永远无法触摸到的天际，或许说出此话的人恰是被城市的大染缸浸透了其灵魂罢了。倘若好奇，何不忘却城市之烦扰，来一场背上行囊不言左右的乡村之旅呢。当你短居夜郎坪，每日入睡之际，你都会载着满船星河入梦；待你睡得香甜，梦中偶尔传来一两声狗吠，将你的梦催得更加安详。在这乡村，一望无际的田野给了人们更多的安全感，因为这遍地泥土是人们生活的基石。在城市里生存的人儿，即使躲过了几盏昏暗凄清的路灯指引，早晨的一声鸣笛便能打搅你一晚的清梦，生活的压力让人连气都喘不过来。但在这夜郎坪的乡村，每日的风景可都是大自然精心准备的特别礼物，这是别处遍寻难获的。时代发展的脚步在城里，人们通过生活的快节奏，就能切身感觉到；而国家的发展节奏在这乡村里，却只有慢慢体味，方能得其奥秘所在。

四、收获一筐眼泪的女人

夜郎坪村的自信固然源于村民的奋斗，但在这背后更多的还是一个女人的奉献，她就是田金珍。奉献半生，无怨无悔，追寻致富之路，上下求索。

这个带领着夜郎坪村村民一步一步走出贫困的女人，出生于1967年的花垣县郊区，和大多数女孩子一样，她度过了平平无奇的童年时光，转眼间就到了要谈婚论嫁的年纪，几次相亲无果，后来经人介绍，一朝间嫁入夜郎坪这个名不见经传的贫困之地。“嫁鸡随鸡，嫁狗随狗”的传统思想，使得善良的田姑娘接受了命运的安排，但她不甘于命运的安排，想要带领更多的人逃离这命运的安排。

那时候的夜郎坪，可谓是彻底的一贫如洗，家家户户都在寻找着出路。村子里许许多多的青壮劳动力都外出务工，只剩老人和孩子在家艰

图5-5 在田金珍（左二）家做调研

难地维持着生活。田金珍也不例外，丈夫外出务工，自己则在家负责养育孩子。但是急于摆脱贫困帽子的田金珍，觉得这样始终不是办法，日复一日，终会严重影响孩子以后的发展，心里便萌生一个即使穷尽一身之力，也要让家庭慢慢走出这尴尬境地的想法。一位只接受了小学二年级文化教育的女性，除了务农，田金珍能够想到且能够立马进行的只有捡废品这项简单的劳动。

可这一收，废品没有收到多少，收到的尽是一群留守儿童的眼泪，以及作为一个母亲的心痛。“有父母的孤儿”，是田金珍对这些父母常年在外打工的留守儿童的称呼。最开始，善良的田金珍以为这样可怜的孩子只是少数，于是，只要留守儿童出现在她眼前，便会给他们一点零钱。但后来她发现，走得越远，看得越多，留守儿童的数量以及糟糕的生活条件远远超出她的想象。她这才意识到，留守儿童境况的缓解和改变不是仅仅依靠她一人的力量就能够达成的。一部借机拍摄并引起更多人关注的纪录片——《千里寻母记》随即诞生！

图 5－6　《千里寻母记》部分剧照

《千里寻母记》从导演、摄影到服装、资金等方面，都是田金珍一步一个脚印，一点一滴倾注心血，最终才浇灌出的一朵成功之花。万事开头难，找到拍摄纪录片的相关专业人士这一难题，就成了摆在田金珍面前的第一座大山，压得她喘不过气来。因为那时候还是一个连看电视剧都要全村聚集统一观看的年代，可想而知，在当时毫无经验、毫无条件的情况下，制作一部纪录片所要经历的困难不亚于登天。

市集上频繁播出的苗歌视频让田金珍知道，从这里一定能够找到摄影师的蛛丝马迹。于是，田金珍二话不说，立马找到贩卖 DV 的商人，询问在哪里能够找到摄影师。可在那个艰难困苦的乡村，人们能守住自己的一份安稳何其难得。商人可能怀疑田金珍要找摄影师是为了与自己抢生意，所以即使摄影师的联系方式就在自己的 DV 之中，也没有告知她。苦寻无果，田金珍有那么一瞬间想放弃制作纪录片这个不太成熟的想法。但是每次去收废品时，望着那些孩子一双双纯澈的眼睛，心里始终有一份不舍与过意不去。放弃的想法至此之后在田金珍脑海中消失殆尽。

之后，经过多方打听，终于皇天不负有心人，田金珍从好心人那里得知拍摄苗歌视频的人原来是凤凰腊尔山的一对夫妻。但她知道的也仅限于此，姓名、地址、联系方式等其他的信息仍旧一无所知。但是田金珍不言弃，随即便委托去凤凰腊尔山做生意的村民载她一程。未曾想过，这一载便是三次，其中艰辛难以言表，两次到达腊尔山，线索石沉大海。前有刘备欲夺天下，三顾茅庐邀请卧龙先生出山，后有田金珍欲救留守儿童于水火，三顾腊尔山跋涉千里，只为寻得一摄影师。有心之人总会受到上天的眷顾，于是在第三次，她终于找到了那个能为纪录片打开崭新篇章的人物。最终，这部由田金珍自编自导、历经磕磕绊绊的两个多小时的纪录片终于诞生！当孩子们的父母收到DV时，他们的眼角噙满了眼泪，或许这流下的每一粒“珍珠”都是对田金珍的感恩与馈赠吧。

女本柔弱，为母则刚。田金珍对待留守儿童的感情好似对待自己的亲生儿女一般，不仅为他们拍摄了纪录片，让去外地打工的父母更好地了解他们的生活状况，还在村部创建了一个小小的图书馆，在每天的特定时间，田金珍都会来到村部，为孩子们打开知识的大门，孩子们雀跃地汲取着知识，她就在一旁无声地站着，默默守望着他们的无忧无虑与天真无邪。对于这群孩子而言，她就是天空，给予了自由飞翔的空间；她就是大海，可以尽情地畅游与探索。田金珍觉得自己和这些孩子在一起的每一分每一秒，都是难得的快乐与幸福，只要她和这些孩子在一起，就觉得生活永远不会枯燥。

也正因如此，生活毫无波澜的她迎来了人生的极速转折。她被村民全票选举为妇女主任、村支书和十八大党代表。在被推选为妇女主任时，由于当时计划生育的政策，田金珍始终在当与不当之间徘徊不定，但乡亲们给予了她很大的支持与鼓励，于是昔日收废品的田金珍摇身一变成了田主任。在这过程中，也许因为自己刚刚上任，且本身意愿不高，致使工作处于“别人说一句，自己动一下”的状态。加之当时的国家政策，她只能强迫超生的有孕妇女打胎或者交罚款，因此被越来越多的村民诟病。一句句脏话、一遍遍责骂萦绕在田主任耳边和家人身边，那一刻，她几近崩溃，她不想再做这种无聊而又没有意义的事情！可是后来她明白了自己身上还背负着一份责任，村子里还是有很多人愿意相信她的，她不能因为几个人的谩骂与诟病，便将这群可爱的乡亲抛在脑后。党的十八大如期而至，她最终成为党代表，这对于田金珍而言是不敢相信的一件事。“那时候我是一脸茫然的，我也不知道当上党代表的意义有多大，又可以发挥什么作用，党代表的这个荣誉我都不知道和先锋模范标兵之间有什么区别。”田金珍亲口向我们讲述自己当选为党代表时的心情。直到上会场之前，她都一直在反复问自己，这到底是不是真实的。紧张的情绪由此而生，不知如何自处的田金珍竟然在上台之前唱着那自认为跑调的苗歌来为自己打气，这一刻，她几近崩溃，直到留守儿童的提案被顺利提出，才知道党代表是多么的重要，她心中的担子逐渐放松了。

在田金珍帮助过的孩子里面，有一个孩子非常突出。“那时候真的很难很难，心中特别的难过，那么多孩子，我是爱也爱不完，痛也痛不完。”这是当时田金珍帮助孩子时的亲身所感。收废品时，她曾无意间看见一个小女孩蹲在板凳前，一笔一画地描写着自己心中的美好，看着小女孩的眼睛和衣服，田金珍就知道这又是一个有父母的孤儿！田金珍看到小女孩写的作文时，眼泪都要流出来了：“妈妈出去打工之前，在家门口种了一棵桃树，妈妈外出前嘱咐说：‘你要天天给桃树浇水，等桃树开花了，我们就回来了。’我每天都浇水，现在已经开花了，而且已经结了满树的果子，你还没有回家。”田金珍看着这满怀稚气的文字，恍惚间仿佛瞥见了自己儿时的缩影，心中不免为之一颤。后来经了解才得知这个小女孩的父母已经离婚了，父母分居两地，两人连续几年都未曾回家看望过他们这个名义上的女儿。田金珍想尽一切办法，最终却只找到了小女孩的父亲。“一个小女孩，我怎么会知道她有那么多的情感。”这是小女孩父亲看到那篇作文时说出的话语，但是至少在这之后，小女孩的父亲都一直带着小女孩在身边，也在无形中补缺了小女孩逝去的美好童年，这对于田金珍而言是最大的慰藉！

虽然留守儿童的问题得到了国家的关注，但是夜郎坪村的贫困问题依旧存在。经过县领导和村民的一致认可，加之田金珍公公的一番话语——“我们之前享受过太多党和人民带给我们的东西，现在也是时候让我们去为党和人民做点什么了”对她的影响，田主任也渐渐多了一个新的身份，那就是田支书。身份变了，身上的责任自然也变了。随着“实事求是、因地制宜、分类指导、精准扶贫”十六字方针的提出，夜郎坪的村民商讨着村里的发展方向，却发现村里之前虽试验过很多产业，但最终几乎每一种都因为销路问题难以解决无疾而终。于是田支书便在心中暗暗筹划：既然销路问题始终不能解决，那么我们为何不选择一种人们生活所必需的东西来生产呢？从问题出发，往往能够直戳重点。深加工大米这一思路随之显现，这也获得了村民的一致认可。

即为领导，当担责任。对于自己所提出的大米加工的设想，田金珍也必须要起到一个领头羊的作用。她二话不说，即使贷款 30 万元，也要将这件事慢慢进行下去。万事开头难，可走下去更难！怎么办？首先，勇敢地迈出第一步，接下来所需要做的，便是用心做这一件事。在 2015 年丰收之后，销售渠道的问题依旧摆在眼前，尤其在夜郎坪村这样封闭的地区，运输也是一个很大的问题，因为曾经即使丰收，因为运输问题导致的亏损也十分巨大，甚至曾威胁到了田支书一家的基本生活。

在经历了此次打击之后，田支书家已经总计欠款42万元，但“困难不是苦难，为难不是畏难，走过了艰难，不成功也难”这样的道理从小就印刻在田支书心中。田支书从不会选择放弃，她经历了如此多的磨难之后，意志更加坚强，更有了迎难而上的勇气。幸好，事情的态势逐渐向好。到2017年，由于县里的专家对种植稻谷进行指导，提出统一购买谷种，发放给社员种植，统筹管理，这样亏损的状况好转了许多。到2019年，由于湖南省政府推出的帮扶政策，衡阳市对接花垣县，加上田金珍多方联系，销售渠道的问题基本得到解决。截止到2020年，夜郎坪村的稻谷面积已达2000多亩（约133.33公顷），其中公社示范田达100亩（约6.67公顷），且目前已经和岩锣村米厂建立起长久的合作关系，崇山贡米走出夜郎坪指日可待，村民的美好未来已如鱼得水般清亮畅意！

图5-7　采访结束后与田金珍（前排右一）在其家门口留影

五、吉卫米带活一片产业

夜郎坪作为湘西的粮仓，是高山大米（吉卫米）之乡。在其发展产业的过程中几经曲折：当初土地扭转，大规模种植稻米，可惜由于久居深山交通不便、销售渠道狭窄等难以出售，巨额的经济压力让村民看不到这条路的未来。然而，岩锣村大米厂的兴建和米厂标准化的加工生产，使原生态的稻谷产品透过步步高超市的消费渠道，被源源不断地送到了千家万户。一方面，千家万户的生活质量，可能有一个跨越式的提升，而人民对美好生活的向往，就是我们共产党人的奋斗目标；另一方面，正是有了这家大米加工厂，花垣县周边地区盛产的优质稻谷才有了稳定的销售渠道，也就是说，我们的农民不愁卖不掉稻谷。与此同时，还会进一步带动高山大米（吉卫米）相关产业的长足发展，其中包括稻田鱼与鸭养殖业、山梨种植业、桑蚕业、苗绣业等。因为人们有资金，也有精力去经营相关产业。由此看来，纯粹的水稻生产，也许未必能使夜郎坪村、子腊村、米沟村等实现长久的脱贫，但岩锣村米厂的建设，一定能将扶贫脱贫的成果保护得坚不可摧。可以说，兴建岩锣村米厂是一颗奇妙的棋子，有了它，全盘棋都“活”了。

一花独放不是春，百花齐放春满园。岩锣村米厂的兴建固然辐射周边，带动了周边各项产业的发展，同时也为扶贫攻坚事业树立了一个样板。但是，湘西乃至全国的脱贫致富计划远不止于此。在调研过程中，随处穿过的阡陌之中，抬头望去的山丘之上，稻花鱼在田野之中翻腾，鸡鸭在成群雀跃，茶树生机盎然，无不彰显着农业产业发展的新气象。由此不难看出产业扶贫脱贫致富的真谛所在，没有产业的发展，贫困帽子即使一时脱了，也终难改变永远脱帽、振兴的局面。

在党的十九大报告中，产业兴旺被列为乡村振兴战略的五个要求之首。习近平总书记多次强调，“乡村振兴，关键是产业要振兴”。而乡村振兴的前提是必须要脱贫摘帽，因此，在脱贫攻坚中，产业扶贫有着举足轻重的地位。要实现产业扶贫与乡村振兴的有效衔接，关键在于实现从产业扶贫到产业兴旺的转变，不断发展壮大农村产业，建构现代农业新的发展体系和发展机制。

摘帽：苗家贡米助力脱贫的路径选择

第六篇 米厂的引擎效应

一、米沟村：出了新时代的农民

米沟村流传着这样一个故事：很久以前，一个法术高强的法师路过米沟村，因为不认识路，所以就想向正在田里插秧的农夫问路。法师礼貌地向农夫问路，未曾想农夫头也不抬，理都不理法师。法师便又礼貌地向农夫问路，农夫还是不理他。法师生气了，决心对他这无礼行为进行惩治。于是，法师便将农夫的一只草鞋变成一条在田里游荡的大鲤鱼。农夫看到这条大鲤鱼后，便放下手中的农活来抓鱼。农夫一直追着鲤鱼，想要抓到它，每次都差一点儿就抓住了，但每每失之交臂。一直到了傍晚，农夫才抓到那条草鞋变成的大鲤鱼。正当农夫为抓到一条大鲤鱼而高兴之际，大鲤鱼很快变成了一只草鞋。在这一米沟村代代相传的农人故事中，农夫因为无礼而被法师捉弄，成为米沟村教育晚辈要以礼待人最为现成的、生动的故事，亦为米沟村人奠定了以礼待人、以诚待人的文化基因。现今，米沟村正在发生着新的，更具有正面意义的农人故事。

图 6-1 米沟村的旷野一角

为何规模化种植水稻?

1980 年出生的龙新民曾经在外务工，后来因为父母年迈，决心回家照顾父母，成为一个留守儿子。回到家乡后，龙新民发现米沟村的青壮年大都跟他原来一样，外出务工去了，家里只留下老人、妇女、孩子。因劳动力缺乏，村庄里有很多土地都已经荒芜、闲置许久了。龙新民便想将闲置的土地资源利用起来。除了龙新民，还有其他人也想利用这些闲置的土地。在我们采访时，总能够在路上看到零零散散的烤烟种植地。我们问龙新民，他为什么不跟着种植烤烟。龙新民表示，种植烤烟难以有效地持续利用土地资源，会造成土地资源的闲置与浪费。在一块地种植卷烟，因为土地的原因，第一年的时候，卷烟生长得很好，第二年的时候，卷烟的生长就差了一些，第三年卷烟的生长就会很差，几乎没有收成了。因而，即使种植卷烟的短期收益更高，龙新民也不愿意种植卷烟。

虽然龙新民没有读过很多的书，初一的时候就因故辍学了，但常看新闻的他，知道像中国的邻居日本十分具有忧患意识，非常重视本国的农业生产。此外，他也知道我们中国有14亿人，人口众多，每天都需要消耗大量的粮食，因而粮食安全是一个十分重要的事情，国家一直努力坚守18亿亩（1.2亿公顷）耕地。因而，龙新民想将村里闲置的土地利用起来，种植优质的水稻，为国家粮食安全做出自己的一份贡献。生活还不是很富裕的龙新民曾多次说："人不能够只知道赚钱，还需要做一些有意义的事情。没钱的时候想方设法赚钱，一旦有钱了还是想要做一些有意义的事情，做一些对社会和父老乡亲有意义的事情。"龙新民表示，大规模种植水稻需要雇用留守在家的老人、妇女去除草、插秧，这能够为乡里乡亲创造就业机会、造福乡里，每人每天工作8小时就可以获得100元的工资。虽然工资不是很高，但这对出于年迈、健康等原因无法外出务工的人来说，是一份较好的收入。因为他们原本几乎没有收入，家庭支出只能够依靠外出务工的家人寄钱回来。现今，龙新民雇用他们劳作，就能够为他们提供一个门槛不高、灵活的在家就业机会，增加他们的家庭经济收入，提高他们的生活水平。

大规模种植优势，也是龙新民规模化种植的原因。龙新民表示，因为进行规模化种植，2019年他们家赚了10多万元，这是过去小规模种植水稻难以想象的收入，比外出务工的年收入还多。在家乡规模化发展农业获得比外出务工更多的收入，是农业规模化发展得以持续、健康发展的经济条件。若是务农收入低于外出务工的收入，对于在家务工的农民是不经济的，理性的农民便会脱离农业生产，成为进城务工的农民工。此外，规模化种植水稻还能够降低生产成本。例如，在收割的时候，若是小规模种植水稻，收割机就需要从一个地方去到另外一个地方，浪费时间、燃料，因而收费就会高一些。规模化种植收费只需150~180元一亩，而小规模种植的稻田收割费用为200元一亩。

米沟村的水稻种植条件优良。首先，米沟村的海拔为1000多米，属于典型的山地气候，白天气候温暖，晚上气温较低，昼夜温差大，十分有利于农作物的养分积累，有利于生产高质量的农产品和农产品产量的提高；其次，米沟村的光照时间长、光照强，十分有利于农作物的生长；再次，米沟村地处山间谷底，土层较厚、土质肥沃，有利于农作物的生长；最后，米沟村的耕地灌溉用水有保障，均是来自山间的山泉水，水质好、无污染，有利于生产优质农产品。米沟村水稻种植的众多优良条件，有利于降低水稻的种植成本，提高水稻的产量和品质，为龙新民的规模化种植提供了极好的种植条件。

为何能规模化种植水稻?

现今社会是一个供过于求、生产相对过剩的社会，各种物质的生产都以极快的速度增长。因而，在这个社会里，将生产出来的产品成功销售出去是成功的关键。在岩锣村米厂建设前，龙新民销售大米的方法就是将稻米运到集市上去买。如果顺利的话，一天能卖个几百斤，如果市场行情不好，粮食基本卖不出去，都得要运回家。收获的粮食如果不能够及时销售出去，就会变成陈粮，被老鼠吃掉。龙新民不仅面临着难以将粮食销售出去的问题，而且即使销售出去了，也难以将粮食卖出好价钱。因此，粮食的销售问题一直困扰着龙新民，令其十分头疼，也在很大程度上限制了他种植的规模。过去，龙新民就耕种 1 公顷左右的土地，年产 10000 斤左右的粮食，谈不上规模种植。现今，岩锣村米厂建成了，米厂每年都要采购大量粮食，这就为龙新民生产的粮食提供了一个稳定、可靠、高效的销售渠道。销售问题得到解决后，龙新民决心扩大种植规模，以充分利用村里闲置的土地。2019 年，龙新民将水稻种植规模由原来的 1 公顷左右扩大到了五六十亩（三四公顷），2020 年，则扩大到了 120 亩（8 公顷），未来打算将水稻种植规模扩大到七八百亩（四五十公顷）。

大量闲置土地的出现，既是龙新民利用闲置土地资源开展规模化种植的动机，又是龙新民开展规模化种植的有利条件。米沟村有两百多户人家，每户有10亩左右（0.07公顷）的水田，全村共有两三千亩（一二百公顷）的土地。村里虽有较多的土地，但青壮年都外出务工去了，所以有较多的土地可供龙新民流转。若是村子没有较多的耕地，即使所有的耕地都被龙新民流转了，他也无法获得较大的耕地面积，实现规模化种植。此外，青壮年劳动力外出务工也为龙新民流转土地提供了有利条件。要是青壮年劳动力没有外出务工，家家户户都以务农为生，耕种几亩土地，米沟村就几乎没有闲置耕地，那么龙新民要大量流转村里的土地，规模化生产的可能性几乎为零。

现代农业科技的进步和普及是龙新民规模化种植水稻的必要条件，若是缺少这一条件，龙新民不可能快速扩大其生产规模。龙新民多次强调，他这短短的几十年时间见证了太多的农业科学技术的进步与普及。以农田的翻耕为例，过去家家户户都饲养耕牛，通过耕牛对土地进行翻耕。但是，耕牛的翻耕效率较低，长时间连续翻耕的能力较差，很难想象利用几头耕牛连续翻耕几公顷、十几公顷的耕地。现今，随着农业科学技术的进步、普及，他已经用上了微耕机、大型耙田机，稻田翻耕效率大大提高。最让龙新民感到自豪的是水稻脱粒技术的进步，龙新民表示，他亲历了四代水稻脱粒技术的进步。第一代是使用打谷桶脱粒，在使用时双手握紧作物的茎秆后部，将稻谷举起，然后快速击打谷桶，进而完成稻谷的脱粒。打谷桶这一技术相对传统、落后，脱粒时耗时、耗力且脱粒质量不高。为了完成稻谷的脱粒，农民常常工作到晚上八九点还没有回家。第二代脱粒技术是人力打谷机，用脚踩踏板，然后带动机器内部齿轮的转动，这时双手握住秸秆尾部，将含有稻谷的一端放入打谷机内，打谷机齿轮不停地拍打稻谷，使之能够顺利脱粒。相比第一代的脱粒技术，第二代技术的脱粒效率、脱粒质量大大提高，而且更省时省力。第三代脱粒技术是使用柴油机或汽油机提供动力的打谷机，使用方式与人力打谷机一样，最大的改变便是从过去人力提供动力转化为机器提供动力，不仅极大地解放了人力，降低了脱粒时的劳动强度，还使打谷机获得了更为高效、稳定的动力来源，进一步提高了脱粒速度。第四代的脱粒技术便是收割机，将传统的收割和脱粒两个步骤合二为一，使脱粒技术得到了几十倍、上百倍的提升。若是没有收割机技术，很难想象仅仅依靠人工完成几公顷的稻谷收割、脱粒。

随着城市化的不断推进，城市得到飞快发展，而农村的发展则相对滞后，因而国家积极出台各项政策促进农村的发展，缩小农村与城市的差距。2014 年 12 月 29 日，十三届全国人大常委会第七次会议表决通过了关于修改农村土地承包法的决定，对农村土地实行“三权分置”的制度法制化。所有权、承包权、经营权三权分置的法制化为龙新民等新型农民流转农村闲置的土地提供了法制保障，也就为其实施规模化耕种提供了可能。若是缺乏国家的鼓励、相关法律法规的完善和支持，龙新民等人意欲规模化种植农作物的想法因缺乏法律保障，将变得难以实行。此外，国家还为农业的规模化经营提供了货币政策、财政政策的支持。龙新民曾成功申请到了 5 万元的政府贴息贷款，在一定程度上减轻了其资金周转的压力，为其规模化的生产提供了资金保障。可能由于龙新民并不十分了解国家相关扶持政策，或当地因为财政较为紧张而难以给出更大的扶持政策，因而到目前为止，龙新民只得到了 5 万元的政府贴息贷款，没有得到更多的政策支持。

新时代的农民，新在何处?

传统农民的生产计划基本不受市场供求关系、市场价格的影响。传统农民大多是年复一年地耕种着过去一直耕种的土地，种植着过去一直种植的农作物品种，日复一日地辛勤劳作，其生产出来的农作物大多供自己家庭消费，小部分剩余农产品才会拿到市场上销售。

以龙新民为代表的新型农民规模化种植农作物并不是为了自己消费，而是为了在市场上销售、获得利润，因而其必然具有较强的市场意识。在制订种植计划前，龙新民便已高度关注市场供求情况、价格情况，进而调整自己的种植计划、种植面积和成本投入。这是新时代农民的第一“新”。

新时代农民的第二“新”，就是龙新民高度重视稻米的质量。在作物生长的过程中尽可能不用农药，即使被迫使用农药，也尽量使用低毒农药，以降低农作物的农药残留。在生产的过程中，龙新民高度重视农作物的品质，这就为其后续的品牌建设打好了品质基础，利于其后续的销售。龙新民还计划到县里对自己生产的大米进行检测，以证明自己生产的大米是有机米，进而建立自己的稻米品牌，提高产品的附加值。为了更好地把粮食销售出去，卖出一个好价格，龙新民还打算利用现代互联网技术、互联网平台拓宽农产品的销售渠道，如抖音、直播等。

图 6－2　龙新民在查看水稻生长情况

与传统男耕女织、精耕细作、一家一户的小规模生产相比，现代农业生产的最为明显的一个区别，便是规模化生产。因而，规模化生产是新时代农民的典型生产方式，是新时代耕作方式与传统耕作方式的主要区别，也是新时代农民的第三“新”。规模化生产至关重要，它直接影响到了农户的市场意识、机械化生产等。在规模化生产之下，农户生产的粮食远远超出了其日常生活所需的粮食，因而只有将其生产的粮食销售出去，方能获得辛勤劳作的回报。因而，农户具有较强的市场意识，农民的生产能够以市场的供求关系为指导，改变了过去自给自足的落后生产经营方式。因此，只有自由使用规模化的生产方式，才能体现出科学技术的重要性，才能体现出农业机械的重要性。规模化生产需要用现代科学技术、农业机械提高农业生产的效率和农产品的产量，以获得更强的市场竞争力、更高的经济效益。

农业生产经营的机械化是新时代农民的重要特征，更是新时代农民的第四“新”。传统的农业生产基本都是依靠人力、畜力进行耕作，机械化水平极低，生产效率低、劳动强度大、劳动时间长，因而其耕种规模一般都不大。如今，在翻耕的过程中，龙新民已经全部使用微耕机进行翻耕，彻底取代了人力、畜力翻耕，实现了翻耕的机械化、高效化。在水稻收割的过程中，大部分采用收割机收割，仅有部分因土层过深、梯田无法用机器收割才采用人工收割，这也使得水稻的收割环节有着较高的机械化率。

是否雇用劳动力是新时代农民与传统农民的重要差异，是新时代农民的第五“新”。传统农业生产过程中耕作的劳动力主要是自己的家庭成员，劳动力十分有限，因而其种植规模一般不大。而新时代的农民因其种植规模较大，仅仅依靠自己家庭的劳动能力已经无法满足生产的需要，都或多或少地雇用劳动力帮助农作物的耕种与管理。因而，龙新民最多需要雇用10多个同乡的妇女、老人，进行水稻的种植、管理与收割。

龙新民何以能够成为新时代的农民？正所谓时势造英雄，英雄亦适时。不同的时代背景造就不一样的英雄。春秋战国时期的纷争造就了诸子百家，秦末的乱世造就了发出“王侯将相，宁有种乎”声音的陈胜、吴广，民国时期民众的麻木不仁造就了“横眉冷对千夫指，俯首甘为孺子牛”的鲁迅……若是缺乏一个时代的大环境，缺乏一个有利的大环境滋养，很难想象在我国五千年的历史中，能够英雄辈出，成就一段又一段的佳话。龙新民之所以能够成为新时代的农民，与其所处的新时代环境有关。新时代背景下的我国新农村，各种各样的创新创业之事轰轰烈烈地开展着，这正是以龙新民为代表的新时代农民展现自我的最好舞台。

有时一个人的名字背后，大多有非常好的寓意和期许，若是一个人的成就体现了其名字背后的意义，便以“名副其实”一词给予褒扬和赞许，因而“名副其实”是国人给予一个人的高度评价和赞扬。倘若依此而论，“龙新民”就是一个真正“名副其实”的人，他是我国新时代的农民，是我国新时代新农村建设的主力军和典型代表。

二、十八洞村：有“水”还有“米”？

云雾缭绕的村寨在群山中若隐若现，层层叠叠的梯田整齐有序地排列在山上，千姿百态的草木，毕现奇特的湘西风光美景，看起来是多么令人悦目。山间村落袅袅升起的炊烟，与天空的云雾恍若一体，自然美景与人文贮藏相辅相成，构造出天然亲切的画面，瞬间让人忘掉城市的喧嚣与纷扰。十八洞村正是坐落于群山怀抱里的苗寨村落，一条黛青色的盘山路，在高低错落间将人们引向林间深处，探访那恬静随性的湘西村落。

十八洞村的水

十八洞村产业精准扶贫的重要成果之一，就是山泉水厂的建立与发展，所以为了更了解十八洞村的脱贫密码，在离开湘西的前两天，我们按邹爱华总经理的建议，前往十八洞村水厂参观。当时正是下午，我们到达十八洞村的时候天色已经开始转暗，晚霞洒在十八洞村木制的居院中，太阳从村落背后的山头上隐去，只留下淡淡的余晖。听当地居民介绍，水厂建在山谷处，从村落旁的一条小道沿盘山公路而下，我们经过了几十道弯道，两旁郁郁葱葱的树木在夜色的笼罩下显现出一种未可知的感觉。开车过了半小时，我们终于看到了十八洞村水厂的招牌，夜色中的水厂显得格外静谧。我们下了车，水厂的负责人王志勇厂长面带笑容地迎上来，对我们前来调研参观表示欢迎。

虽然天色昏暗，但这里记载着水厂建设故事的宣传栏，依然散发着明亮的光芒。听着王厂长的介绍，了解这一村落根基拔地而起的宏伟历程。从王厂长详细生动的讲述中，我们了解到十八洞村水厂的建设其实最初源于 2013 年 11 月习近平总书记对十八洞村的那场闻名全国的考察行动，当年习近平总书记在花垣县十八洞村提出了“实事求是、因地制宜、分类指导、精准扶贫”的扶贫指导思想，这一思想指引着花垣县和全国人民走上了艰苦奋斗、努力脱贫、家家变小康的拼搏之路。四年过去后的 2017 年，如何体现“因地制宜”的精准扶贫，对于扶贫工作来说成为一场大考，这个受到全国各地关注的扶贫阵地，必须拿出自己的一份成绩单来。这时候，企业介入、政府支持、村民共享，利用现有资源，实施产业扶贫的模式出现了，成了这场大考的一个样本。

从2017年4月底开始，步步高集团决定深耕“点石计划”，在花垣县十八洞村投资建设一个水厂。从4月27日，步步高集团王填董事长找到水源，并起心动念建设水厂，到10月8日正式建成投产，仅用了5个月11天，速度之快，质量之高，堪称典范。企业参与产业扶贫，将高效助力乡镇企业的发展，脱贫攻坚指日可待。而在这段扶贫佳话中，更令人称道的是步步高集团开创了“因地制宜”和“利益共享”的项目实现方式。水厂负责人说，当时选择在十八洞村建造水厂，是以当地的水资源开采和生产为基础的，以产业扶贫的方式，让十八洞村拥有一个持久的产业，以便让当地村民能持久脱贫而不返贫。

步步高集团原本是一家以零售业为主的中国500强企业，也是中国快消品连锁10强。从2016年开始，步步高集团开始启动产业扶贫“点石计划”，至今已对接扶贫村90个，签约扶贫农产品金额达11.8亿元。水厂负责人说，如何在十八洞村实施有效的产业扶贫，这期间也是充满曲折和波澜的。当初王填董事长问步步高集团扶贫管理部总经理邹爱华，在那里搞一个腊肉厂如何，邹总做过山货的电商，他说做腊肉要大量猪肉，如果养猪会有比较大的污染。王填董事长又提议搞个米酒厂，邹总说可以考虑。但等到了十八洞村一看，寨子在山顶上，10亩（约0.06公顷）的平地都难以整出来，水田就更少了，兴建米酒厂的话，稻米都不够用。尽管如此，王填董事长并未气馁，他们深入村寨慰问村民，调查村寨情况，最后了解到十八洞村有两处好水源。于是，王填董事长顾不上吃饭，坚持要先去看水源，那天下了雨，路非常泥泞，很难走，山间全是坑坑洼洼的田埂路。当来到水源处时，王填董事长非常兴奋，他蹲下去捧起山洞里流出的水连喝了几口，高兴地说：“就是这里了，我看，咱们可以建一个水厂！”

回到村寨后，王填马上召集相关人员召开了座谈会，他说在这里发现了好水，可以在十八洞村建一个水厂，给村里固定的资源使用费或股份，让村民进厂上班，给当地缴纳税收，用产业扶贫的方式让十八洞村拥有一个持久的产业，以便让村民永久脱贫而不返贫。在紧密的筹备过后，十八洞村水厂计划开始提上了日程，从7月23日正式施工建厂，到10月8日建成投产，创造了有名的“步步高速度”。因为一般的水厂从规划到建成，至少需要一年以上。当年10月12日，十八洞村水厂建成投产的新闻出现在《人民日报》头版头条，引起了广大媒体和社会各界的关注，新华社、中央电视台、湖南卫视、湖南经视、湖南日报等数十家媒体都报道了十八洞村水厂正式投产的新闻。新华社客户端在此前曾以《从水龙头到瓶装水：天然山泉水也能“创产增收”了》为题在十八洞村做了直播，水厂投产后又以《湖南湘西十八洞村：山村涌出“致富泉”》为题进行了报道。这是国家和社会对脱贫攻坚的重视，也是十八洞村交上的一份最令人满意的答卷。

王志勇厂长打开水厂车间的大门，邀我们参观十八洞山泉水生产流水线，映入眼帘的是挂在墙壁上的四个大字——饮水思源，大气磅礴的楷书中透出一股子坚定和稳重。我们看到了数台高大的银色机器，像是一座座铠甲，守卫着水源的健康安全，从对山泉水进行超滤和纳滤的处理，到吹瓶灌装，再到灯检、吹干、贴标打码、最后装箱，每一步都严格遵循制水规定，保证十八洞村出产的山泉水绿色环保、干净无污染，让全国各地的民众喝到真正放心的山泉水。

离开水厂之前，我们每人获得了一个以我们生日为编号的小样品，它是一个还没有被吹瓶的塑料管，看起来就像一节小小的灯泡。难以想象，就是这样小小的力量，承载了那么多的生命之水。走出工厂，我们抬头望天，与灯光耀眼的城市不同，这里的星星多到可以挤满整片天空，肉眼可见的星星在天空闪烁，好像点着无数的灯火，那浅浅的银河，定然承载了无数山间精灵的梦想。我们纷纷拿出手机用夜景拍照，只看见远处的山头在星星的照耀下散发出暗红的光芒，竟是有了神话中一般美丽的色彩。“七八个星天外，两三点雨山前。旧时茅店社林边，路转溪桥忽见。”离开水厂，我们踏上归途，品味着脱贫攻坚、国家富强的梦想，收获良多。

十八洞村的米

十八洞村的产业扶贫不仅仅有水厂的助力，还有其他产业扶贫项目在十八洞村运作着。早在2014年1月22日，花垣县委组建成立了一支由县委宣传部部长龙秀林任队长，县委统战部工会主席谭卫国、县林业局副局长石昊东、县民政局工会主席吴式文、县国土资源局政务服务中心主任龙志银为队员的精准扶贫工作队，并于1月23日开始进村，负责统筹协调并监督相关职能部门在十八洞村实施扶贫的各项工作。

工作队深入细致地调查，并认真学习习近平总书记在十八洞提出的“要保护好原滋原味的民族民居”要求，结合住建部专家的理念，坚定了“把十八洞建设得更像农村”的发展理念，并确立了“人与自然和谐相处，建设与原生态协调统一，建筑与民族特色完美结合”的建设原则，确定了将十八洞“建设成为中国最美丽乡村”的目标。

十八洞村山高路远、交通条件恶劣、人多地少，村民生活非常贫苦。如何才能摆脱贫困、发家致富，一直是摆在十八洞村组干部和群众面前的难题。工作队通过走访调查、外出考察、广泛征求意见等多渠道、全方位的调查研究，确定了以种植、养殖、苗绣、劳务、乡村游五大产业为主的发展思路。一是发展以猕猴桃、烤烟、野生蔬菜为主的种植业。按照“跳出十八洞建设十八洞产业”的思路，在花垣绿色农业科技示范园流转土地1000亩（约66.67公顷）发展猕猴桃产业，以中科院武汉植物园为技术支撑单位，实行股份合作，促进农民长期受益。二是发展以肉兔、湘西黄牛为主的养殖业。准备以股份合作的模式在全村发展肉兔，并将其作为全村农户短期产业进行发展，已成立肉兔养殖专业合作社，选好养殖场基地，将力争使肉兔养殖业成为全村继猕猴桃产业之后的第二大产业。三是发展劳务输出经济，也就是外出打工。十八洞村的年轻人早就这样做了。四是发展以苗绣织锦为主的加工业。成立农民专业合作社，组织留守妇女，发展苗绣产业。五是发展以农家乐、红色游为主的旅游产业。利用得天独厚的自然景观优势、特色民俗民风、特色建筑和习近平总书记前来考察调研的影响力，将十八洞村打造为群众路线教育实践活动基地、农家乐和乡村游胜地。

除了上述五大产业外，扶贫工作队预备实施“113 工程”，即借用纪念习近平总书记 11 月 3 日来十八洞村考察的吉祥日子，定名为“113 工程”。所谓“113 工程”，总体来说，就是在全村 225 户农民中，每户种植冬桃 10 棵、黄桃 10 棵、养殖稻田鱼 300 尾，并将桃子的采摘权和稻田鱼捕捉权对外推销，创新推行桃子采摘权和稻田鱼捕捉权转让带动旅游业发展的模式，同步带动乡村旅游业的发展。

俗话说，有梦想者，便有追求。而“梦想成真”乃人生最大的幸福和快乐。十八洞村人为了尽快实现摆脱贫困的“梦想”，在全力地追求着、奋斗着。然而，凡事固然有其自身的发展规律，理想有时很“丰满”，然而现实有可能很“骨感”。实践证明，十八洞村在追求产业扶贫脱帽的过程中，有的是成功的，比如猕猴桃种植、劳务输出、乡村游，而有的是失败的，比如养殖业、“113 工程”。究其原因，还是十八洞村自身的地理因素和特点使然。说到底，在产业扶贫过程中，还是要回到习近平总书记提出的“精准扶贫”“因地制宜”的思想上来。俗话说得好，靠山吃山，靠水吃水。

尽管如此，十八洞村人为寻找自身脱贫致富之路，所引发的对新思路、新认识、新想法、新尝试的探索精神，不能不令人钦佩。也正是如此，当花垣县岩锣村兴建米厂时，再一次引发了十八洞村人要种植高山水稻的尝试。因为大米属于大众常销产品，加上湘西苗家历代有生产贡米的传统，优质的稻谷产业，必然能产出优质的苗家贡米。十八洞村的水质和空气环境优良，日照充足，昼夜温差大，具备生产优质的苗家贡米的条件。同时，依仗步步高集团在岩锣村建设的米厂的“火车头”效应，这家巨大的引擎，必将带动周边村寨的稻谷生产，大米销售和品牌营销是不成问题的。正因如此，十八洞村也开始重视稻谷种植了，也有了属于十八洞的“米”，甚至还有兴建大米加工厂的设想。

然而，十八洞村终究不是米沟村，也不是吉卫镇的夜郎坪村。它位于武陵山中段，地形以山地、丘陵为主，全村总面积为14162亩（约944公顷），耕地面积为817亩（约54公顷），全村人均耕地仅有0.83亩（约0.06公顷）。是的，十八洞的山虽然很美，但山体高大，可供耕种的土地面积小，如果强行发展不太合乎当地自然条件的水稻种植业，甚至大规模地开发的话，必将使环境遭到破坏。由于生态脆弱，环境一旦受损则难以复原，这与习近平总书记提出的“不破坏环境”的指示精神相悖。

在脱贫摘帽的道路上，有可能“条条大路通罗马”，但永远不变的是因地制宜发展产业、实事求是解决问题的总思路，也就是说要“精准扶贫”。十八洞村风景令人目酣神醉，且拥有得天独厚的水资源，水体清澈，更富含多种人体必需的元素，建设水厂乃绝佳之举。此外，十八洞村森林资源十分丰富，山明水秀，大力发展猕猴桃、乡村旅游产业也是明智之举。人多地少的十八洞山区之地，要发展大米规模产业，即使再有良好的愿望，也仅仅是难以实现的“愿望”而已。

十八洞村精准扶贫的经验

如今的十八洞村，漫山遍野的绿，晴天碧空的蓝，和为美好生活而奋斗的人们一起绘就了一幅幅色彩纷呈的美妙画卷。然而，如果从现在再一次回溯过去，很难想象到 2013 年前的十八洞村，是灰白的，是低落的，是令人唏嘘的。从前的十八洞村，人们出门去市集，得爬过几个山头，走好几小时的路；稀少的耕地导致村民生活越过越困苦；年轻人纷纷向外寻求出路，村里只剩留守老人、儿童和光棍。2013 年 11 月 3 日，习近平总书记来到十八洞村考察，给这里带来了新生的希望，这里终于开始变了，成了全国精准扶贫的首倡地。

十八洞村的巨变缘于“精准扶贫”，“精准扶贫”是贫困地区脱贫致富的对症良方。十八洞村的脱贫实践为其他地区提供了鲜活的样本，它是“可复制、可推广”的，十八洞村在发展过程中积累了不少可供借鉴的有效经验，为其他地区开展精准扶贫和消灭贫困提供了参考方向。

精准扶贫要从“精”，即从百姓的精神和思想上着手。扶贫先扶志，思想先行才能保证行动落实，授人以鱼不如授人以渔，扶贫不能只是物质输送，还需要精神优化，这样才能真正摘掉贫困的帽子。在十八洞村精准扶贫的过程中，首先，要摒除“等、靠、要”的思想，通过思想道德星级化建设管理模式，对村民思想进行升级，不仅要增加村民对政策措施的理解与认可，还要带动村民互相争当模范；其次，要提高村民的整体受教育水平，高度重视教育扶贫，从根本上解决思想落后问题；最后，加大对扶贫思想观念的宣传与传播，使党员干部用“百姓话”“地方话”进行讲解宣传，给村民以亲切感和融入感，使村民更易接受相关思想政策。从思想层面上进行扶贫，有利于更好地开展实际工作，让村民真正感受到党和政府的帮助和关怀。

精准扶贫要从“准”，即扶真贫，真扶贫，重点突出在“精准”上。精准扶贫就是要根据不同贫困区域、不同发展环境、不同贫困农户状况，因地制宜、因人而异地进行帮扶治贫。首先是扶持谁的问题，明确贫困对象有助于了解贫困状况及原因，准确划定识别方法与帮扶力量，真正做到对症下药，精准打击贫困根本原因。对此，十八洞村制定了“九不评”识别标准，从具体标准上进行严格划分，更高效公平地进行人员限定。其次是谁来扶的问题，由于十八洞村扶贫工作肩负着开发精准扶贫新模式与汇集精准扶贫新经验的使命，所以把握好组织力量，选择好村级班子队伍，对领导村民实现全面脱贫具有关键作用。最后是怎么扶的问题，选择合适的发展产业和发展模式才能因地制宜、因材施政。发展产业作为脱贫的关键，需要以规划为引领，制定全村整体发展规划和脱贫项目，针对个体农户的不同状况，分发不同项目等进行精准发力；并且在发展产业的同时，还需要精准改善生活环境，不仅需要做到生活基础保障，还需要提高村民精神文化追求。所以安居环境的改善，有助于村民从生活上感受脱贫的益处，村容村貌焕然一新，也将更加激励村民追求美好生活。

精准扶贫要从“实”，即要落实政策，真抓实干。只有村民拥有看得见、摸得着的实际产业，才能看到前方幸福生活的希望。因此，只有产业扶贫，才能真正做到“造血”而非“输血”。十八洞村山泉水厂的良好发展，正是对精准产业扶贫模式的最好印证，水厂在为村集体提供利益的同时，也为当地村民就业提供了便利。这实实在在的效益，既能带动村民积极进取，又能激发起村民向往美好的热情。从实际出发，从实体产业着手，正是十八洞村脱贫的关键密码。

精准扶贫对于十八洞村，正如久旱逢甘霖，扶贫政策的春雨滋润着的这块早已贫瘠的土地，现在正焕发着勃勃生机：看那土地上探首的嫩芽，枝丫上冒头的嫩叶，无不昭示着十八洞村向美好生活前进的路途一片光明，充满希望。没有比人更高的山，没有比脚更长的路。“投入有限，民力无穷；自力更生，建设家园”，在脱贫攻坚战中凝聚的十八洞精神，让十八洞苗寨散发出无限魅力。总结出十八洞村的脱贫经验和脱贫教训，将能为其他地区真正实现摘掉贫困帽子、做到全民脱贫提供建议与借鉴，相信借此经验，全国不论哪个地方都能脱贫，并走上致富的希望之路。

三、贵州松桃：有个永不言败的老吴

人常说，独木难成林。一花独放不是春，万紫千红春满园。岩锣村的米厂不仅带动了花垣县境内、湘西州周边的县脱贫摘帽，而且影响到了周边的省市，贵州铜仁的松桃就是如此。可见米厂的引擎效应之深远。我们清晨从花垣县出发，带着好奇和惊喜，前往湘黔边境之地松桃县去探秘。松桃有个永不言败的吴老板，不断试错，几经成败，终于选择了种植大米，这不仅是因地制宜选择的结果，更重要的是与花垣县岩锣村的“结缘”所致。

清晨时分，我们调研组成员一行人租车从花垣县抵达贵州松桃县达车村小学，映入眼帘的是一栋栋“十指不沾泥，鳞鳞居大厦”的教学楼，与旁边满目疮痍、破旧不堪的房子形成鲜明的对比。在去往松桃的途中，我们曾想象过达车村的种种模样，究竟是如花垣县岩锣村那般新房林立，旧房参差其中，还是如夜郎坪村一样，是望不尽的田野粘连着炊烟袅袅？这一刻，所有的神秘和未知都一一展现在眼前了，是那么的真实。

清晨的达车村无比孤静平和，村间路口少有人迹。一经询问，才得知，我们要采访的主人公吴金杯（老吴）每天天不亮就带着达车村人在田间劳作了。这个四十来岁的中年人，中等身材，四四方方的脸庞，由于常年在田地间劳作，脸上的皮肤显得有些许粗糙，但他的眼睛炯炯有神，虽穿着一件沾满泥土的深黄色褂子，但向我们走来时，朴实的脸上却挂着微笑。“为什么我的眼里常含泪水？因为我对这土地爱得深沉。”或许就是因为达车村有着一个又一个如“老吴”这般朴实无华的人，所以最终才能在这世外桃源之地寻得一方安宁。

阡陌纵横，鸡犬相闻。群山环绕着这座寂静的小山村，农人三三两两散落在田间，时不时传来一声鸟叫，短暂的闹声却显得此处更为幽深。水稻田中一两声翻腾，在我们不以为然地以为是青蛙在搞怪之际，吴金杯却告诉我们，这是他们这里特产的稻花鱼。因为稻田中迎来了这样一群可爱的小家伙，所以稻田之中从来不施化肥，全依靠农家有机肥来补足稻田中的微量元素缺失，也为这群小家伙创造了最适宜的生存环境。也正因如此，我们一行人初进村庄之时看到稻叶发黄而产生的迷惑也渐渐被解开。

吴金杯，人称老吴，一个承星履草、胼手胝足的农民。由于自己的父亲是孤儿，结婚晚于同辈，在吴金杯舞象之年时，父亲已近古稀，再也没有能力供他继续上学读书，于是他初三便不得已辍学在家，从一个乳臭未干的小毛孩到如今承包着 800 多亩（50 多公顷）田地的大户，还养育了三个优秀的儿女，供他们读书，他付出了无尽的努力与辛勤，想必十分坎坷。

当问起老吴是如何与湖南花垣岩锣村米厂结缘时，他说 2019 年 8 月的一天，他正好在花垣县出差，途经岩锣村时，正好看到那里正在修

图 6-3 在田间地头与“老吴”吴金杯（中）交流

建米厂，他经营了 10 余年水稻种植业，正愁没能找到持续销售的路径，于是便与岩锣村结下了难解的湘黔“米缘”。

老吴所在的贵州铜仁松桃县达车村与岩锣村相距 60 余公里，虽同属武陵山区，也是深度贫困区，但与岩锣村不同的是，达车村的水资源极度短缺，而对水稻种植来说，水又是关键因素之一，可见这 10 余年来，老吴是如何把水稻种植事业坚持下来的。听老吴说，因受气候影响，达车村每年一般要到 5 月才能降雨，所以只能种单季稻。尽管村里一直在努力解决水资源短缺问题，但直到如今，所有的灌溉用水依旧只能靠一个洞口水库来提供，水库的水一经放空，要想再取水，简直难如登天。虽然水资源总体是短缺的，但是雨季一旦到来，又常常会导致水灾。这给水稻种植和其他农作物生长造成“雪上加霜”的损失。老吴说 2020 年就是个典型的水灾年，长势良好的水稻被洪水泡了两天，损失惨重。然而，既为了自己养家糊口，也为了解决当地百姓的就业问题，只能硬撑着。

“宝剑锋从磨砺出，梅花香自苦寒来。”面对常年的水旱极端灾害天气，老吴虽然一次次跌倒，但又一次次站了起来。据岩锣村米厂的负责人介绍，老吴2020年又将为米厂提供50余吨稻米。老吴从来不和别人比幸运，也没想过自己可能比某些人更幸运，他所能做的唯有不断磨炼自己的意志，只为在最困难的时候能多支撑一两秒钟，他觉得有时候或许这一两秒便是希望。

10余年的水稻种植，老吴不仅要面对水旱灾害的侵扰，还要遇到现实生活中的种种困扰。由于自己的文化水平不高，对党和政府的农村政策，特别是扶贫政策了解不多，也理解不透，因此吃了不少的政策“亏”。比如作为种植大户，按有关政策，他应该得到相应的补贴，但他既没有得到，也很少抱怨。很多事都是靠老吴自己的坚持不懈才慢慢往好的方向发展的。

尽管如此，老吴对未来始终满怀希望，他坚信失望与惆怅已经过去，美好的希望存于未来，只要怀揣努力，希望会在未来的某一刻等待着他的到来。由于资金短缺和高额的土地流转费用，老吴2016年仅承包了200亩（约13公顷）土地。后来了解到福建老板愿出资修缮土地，投放秧苗和鱼种，老吴仅负责劳力成本，且以每亩（约0.07公顷）1200斤、1.3元一斤进行收购。这一契机让老吴大为开心，于是在2020年，他毅然决然地承包了800亩（约53公顷）土地，不但扩大了水稻种植面积，还引进种植绞股蓝茶，以求多元化产业发展，同时在过去聘请的三四十位当地民工基础上，增加了当地民工来打理其承包的土地，这有力地促进了当地百姓的脱贫摘帽。

三毛曾言：“当你连尝试的勇气都没有，你就不配拥有幸福，也永远不会得到幸福，伤过，痛过，才知道有多深刻。”为了尽快让村民脱贫致富，老吴是当地第一个尝试种植绞股蓝茶的。2020 年 10 月，阴雨连绵加上突如其来的霜雪天，冻水让初次扎根的绞股蓝毁于一旦，这次教训异常惨痛。在第一次失败之后，第二次、第三次又因为水旱灾害功亏一篑。一次次失败摸索之后，他终于找到了最佳的种植方式。老吴邀请我们到他的绞股蓝茶种植场地参观，他介绍说，绞股蓝茶作为一种中草药，经由现代中药加工工艺以及炒茶工艺的结合，具有降血压、降血脂、降血糖、延迟衰老的功效，但在采摘之时，需要从嫩芽往根部采摘，如若不然，将会导致产量降低。这种种植方式能保证其产量的最大化。绞股蓝一年可以采摘 4 次，种植之后的第一次采摘，一亩（约 0.07 公顷）产量为 1000 斤，之后便能稳定达到 2000 斤。若能推行，将会比稻谷获利更多，即使前期投入较大，但长远来看，将会使达车村村民受益良多。

老吴在当地是出了名的种植大户，当我们问起老吴为何要在家乡承包大片土地做种植业时，他坚定地说是为了孩子，他说自己小时候，没有读多少书，如今他有三个孩子，他不能让他们重复自己的命运，他要在家边创业，边照顾、教育好孩子。是啊，扶贫先扶智。曾经的达车村与我国许多贫困地区的样貌别无二致，青壮年劳动力都外出打工了，村里独留老人和小孩，老人想要管束顽皮淘气的小孩，有时是心有余而力不足。如今的达车村人渐渐认识到了教育对于扶贫的重要意义，不仅重视教育，而且加大了对教育的投入。为了鼓励村内孩子学习，特地设置了奖励措施，具体办法是：在小升初时，两门科目总分达到 180 分，奖励 500 元；若成功考入重点高中，则奖励 1700 元；若考入大学，奖励 2400 元；若考研成功，则奖励 7000 元。或许对于城市家庭来说，这些奖金略显微薄，但对于依然贫穷的达车村的孩子们来说，是无形中激励他们努力学习的动力。

老吴奔走半生，独自承包着800多亩（50多公顷）土地，只为让自己的孩子能有学习的机会，不重蹈自己的覆辙。他深知知识和教育对改变命运的重要性，为了孩子在未来过得更加顺心如意，半生的血与泪都撒在这滚烫的土地上，他从未感到过后悔。他向我们讲述孩子的近况时，脸上洋溢着的笑容，或许是所有父亲最大的满足。同样，我国目前的产业扶贫已小有成果，但若是想要达到可持续扶贫、防脱返贫，仍需努力，修行之路仍然需要一步一个脚印地走下去。

去感受乡村吧！感受农耕文明跳动的脉搏，感受中国最浑厚的呐喊，感受这片土地的厚重，感受这片土地所浸染的血泪，感受中国农民最淳朴的执着与坚韧，同时也感受中国农民所经历的苦痛与无奈。或许你也能感受到达车村吴金杯的坚韧不拔，感受到我国贫困地区脱贫致富以及乡村振兴的希望。

四、米厂的辐射能量究竟有多大?

“单丝不成线，独木不成林。”“一根竹篙难渡海，众人划桨开大船。”岩锣村的米厂不仅带动了花垣县境内、湘西州周边的县脱贫摘帽，而且影响到周边的省市。如果兴建岩锣村米厂，只局限于岩锣村自身的发展，那么无论它有多繁荣昌盛，都很难彰显出米厂价值的最大化，很难实现产业扶贫、脱贫摘帽的目标。事实上，步步高集团在岩锣村建设的米厂如同一列火车的“火车头”，它巨大的引擎效应，不但带动岩锣村当地水稻种植业和相关产业的巨大发展，而且辐射和带动了花垣县内的子腊村、夜郎坪村、米沟村，这些村子都纷纷与米厂结缘，同时邻近花垣的凤凰县腊尔山、贵州铜仁的松桃等地也纷纷搭上了岩锣村米厂产业扶贫的“列车”。这些地方无论是水稻种植的面积，还是稻米的价格以及农民的收入，都因岩锣村米厂而发生了显著变化。

花垣县的子腊村因“铺树造田”成功申报了农业文化遗产，广种老谷种，并采取传统种植方法种植水稻，大力发展贡米产业，并与岩锣村米厂对接，不但解决了销售的难点问题，而且确保了稻米的价格稳定，也确保了农民有稳定的收入。当初子腊村的百姓宁愿种植杂交水稻也不愿种植老谷种，更不愿采取传统水稻种植方法。而如今，有了米厂稳定的销售渠道，老谷种和传统方法种植的水稻总面积在不断扩大，从当初的 5 亩（约 0.33 公顷）扩展到如今的 140 余亩（9.00 公顷多），稻米价格也由当初的 4 元一斤，增加到 5 ~ 30 元一斤。这不仅很好地保护了老谷种和传统的种植方法，而且有效地实现了农业生产的生态、安全和健康的理念，更为关键的是充实了老百姓个人的米袋子和钱袋子。

不仅如此，岩锣村米厂之于子腊村的能量辐射还体现在，有效地增强了村里的集体经济。由于岩锣米厂的带动作用，在子腊村支书吴玉花的领导下，成立了花垣县子腊村花姐种养专业合作社，合作社共有 70 位社员，25 户村民，种植老谷种子腊贡米 120 余亩（8.00 公顷多）。原本村民们就习惯了集体生活，他们总是纯朴从众的。当有一户人家愿意种老谷种，且得了租金后，一传十，十传百，大多数村民也就心动了，争先恐后地找吴玉花支书要老谷种的种子，也想得租金。这样花姐种养专业合作社就会壮大，合作社壮大后，集体经济也就随之壮大，集体经济不仅可以广泛吸收社会资金，还能缓解当地就业的压力，增加公共积累，这对脱贫攻坚和实现共同富裕具有重要作用。

岩锣村米厂之于夜郎坪村的辐射效应也是非常明显的。夜郎坪村作为吉卫米的主产地，原本是湘西的粮仓，是高山大米之乡。现有耕地面积为 2545. 50 亩（169. 70 公顷），其中水田面积为 1912. 90 亩（约

127.53公顷），旱地面积为632.60亩（约42.17公顷）。在发展种植产业、力求脱贫摘帽的过程中，在田金珍支书的带领下，可谓几经曲折，扭转土地，大规模种植了稻谷，可因交通和销售渠道不畅，好米也卖不出去。庆幸的是有了岩锣村米厂的支持，夜郎坪村的吉卫稻谷有了稳定的销售量，也带动了夜郎坪村其他产业的进一步发展。同时有力地促进了夜郎坪村的农业基础设施建设和农业综合开发投资建设，有效地增加了村集体经济收入等。在驻村工作队的指导下，夜郎坪村又积极发展村集体烟叶种植项目，种植烟草达100亩（约6.67公顷），不但直接解决了村建档立卡贫困户的劳动就业问题，而且解决了夜郎坪村21个村民小组的劳动就业问题，烟草项目预计总投入为22.00万元，预计可得收入为33.75万余元，盈利11.75万余元。加上村级的门面经济收入5.00万元，不仅可实现村集体经济年收入16.00万元的目标，而且将如期完成国家的脱贫摘帽任务。

岩锣村米厂之于米沟村的辐射效应是，让当地出现了新时代农民的代表——龙新民。米沟村本身拥有水稻种植的自然环境和条件，即肥沃的黑土地，清凉且透明纯净无污染的山泉水，较高海拔和充足的日照。而米厂的带动作用，使得龙新民更有了胆量和自信，愿意承包更多的田地来种植优质的水稻。新时代的农民典型龙新民不仅种植水稻，还从事小羊羔养殖业，利用羊粪代替化学肥料，发展循环经济。龙新民以前也在外地靠打工赚钱，当他了解到家乡因青壮年劳动力都外出打工，很多良田都荒废了时，他毅然决定回乡承担一名新时代年轻人的使命和责任，通过土地流转，开垦了撂荒的土地，实施了农业生产机械化、科学化、生态化、标准化。他把自己生产的稻米注册了商标，做了质量检测，形成了统一的品牌包装。如今的米沟村，历史上叫“米寨”，从米寨到米沟，变化的是“寨”与“沟”字，不变的是那肥沃的土地、传统的“米”香和勤劳的百姓。

其实，岩锣村米厂的辐射带动效应不仅仅关乎子腊村、夜郎坪村、米沟村，也不仅仅涌现出了吴玉花、田金珍、龙新民，它的影响范围和效应，是广大而长远的，它将激发一大批有志于贫困家乡建设的人。有了他们的积极进取和自力更生，实现脱贫摘帽和乡村振兴的目标指日可待。

第七篇

摘帽：苗家贡米助力脱贫的路径选择

把饭碗端在自己手里

一、粮食安全重于泰山

正所谓“国以民为本，民以食为天”。粮食是社稷之本，种业是粮食之基。习近平总书记多次强调，中国人的饭碗任何时候都要牢牢端在自己手上。粮食既是关系国计民生和国家经济安全的重要战略物资，也是人民群众最基本的生活资料。粮食安全与社会的和谐、政治的稳定和经济的可持续发展息息相关。完善粮食应急储备体系，确保粮食市场供应，最大限度地降低紧急状态时期的粮食安全风险，是政府的责任，也是粮食安全保障体系的重要组成部分。1983 年，联合国粮农组织提出粮食安全的目标为“确保所有的人在任何时候既能买得到，又能买得起所需要的基本食品”。[①]

联合国世界粮食计划署2010 年8 月18 日公布了“2010 年粮食安全风险指数”，该数据针对全球163 个经济体进行了调查研究，中国被列为“中度风险国家”，排名第九十四位，粮食充裕的国家多是位于北美及西欧的发达经济体，如芬兰、挪威等国。从以上数据和分析可以看出，站在国家发展战略的角度来说，粮食安全问题不可忽视。

从学者研究来看，影响国家粮食安全的因素主要有以下三个方面：

① 史贤明. 食品安全与卫生学[M]. 北京：中国农业出版社，2003.

一是人口因素，这是影响粮食安全最直接和最重要的因素。同时，其影响不仅表现在人口数量的增加对粮食供应的压力上，也表现在如土地等生产要素的恶化、分配与消费的不均衡等生产要素和结构变动方面的因素上。二是气候变化，联合国粮农组织研究报告指出，今后 20 年至 50 年的农业生产将受到气候变化的严重冲击，并进而严重影响全球超长期的粮食安全。洪水干旱、全球变暖等气候上的变化，将成为威胁粮食安全的不可忽视的因素。2020 年洪灾，全国农作物受灾面积达 2667.0 千公顷，其中绝收 297.0 千公顷；直接经济损失 617.9 亿元。与近 5 年同期均值相比，洪涝灾害受灾人次、因灾死亡失踪人数、倒塌房屋数量和直接经济损失分别下降 26%、50%、76% 和 32%。三是偶然性因素，如突发性公共卫生事件。受 2020 年暴发的新冠肺炎疫情影响，部分国家陆续发布粮食出口禁令。联合国粮农组织也警告，疫情致使农业生产劳动力短缺和农副产品供应链中断，或将影响一些国家和地区粮食安全。

本次“摘帽”的主题调研虽然是围绕产业助力脱贫摘帽而做的，但在调研过程中，看到的不仅仅是米厂助力产业脱贫的巨大成就，还有农村粮食生产的弊端。杂交水稻以其质量、产量等优势冲击了谷种市场，导致其他谷种水稻价格低廉，收入减少，农民的种粮积极性低下。以子腊村为例，在吴玉花支书牵头建立“子腊花姐种养专业合作社”之前，村民以种植杂交水稻为主，旨在解决温饱问题和获得农业生产收入。同时，农村优质稻田数量有限，特别是在以子腊村为代表的山高谷深、耕地面积有限的山区地带，缺乏可统一规划、大规模机械化种植的大面积稻田，这样一来，无法实现增收脱贫的需求，与老百姓对美好、高质量生活的需求不平衡，引发了一系列矛盾。此外，在农村农业生产上，不科学的土地规划和管理导致了化肥农药的过度使用，直接造成土地质量下降，农产品质量堪忧。从国际现实情况来看，广泛的转基因作物种植也引发了争议，其中就有关于对其影响粮食安全问题的讨论，如转基因作物威胁生物多样性、基因作物的抗药性和对人体健康的威胁等。中国的耕地仅占世界的10%，人口却占世界的22%，十几亿人的粮食问题始终是头等大事，中国的粮食安全也因为上述问题的存在，处于粮食安全危机的阴影之下。

1996年发表的《中国的粮食问题》白皮书明确表示，中国能够依靠自己的力量实现粮食基本自给，这是政府解决粮食安全问题的基本方针。高度重视保护和提高粮食综合生产能力，建立稳定的商品粮生产基地，建立符合中国国情和社会主义市场经济要求的粮食安全体系，确保粮食供求基本平衡，既是政府解决粮食安全问题的基本方针，也是实现粮食安全的总目标。《国民经济和社会发展第十三个五年规划纲要》（以下简称《规划》）把到2020年确保谷物综合生产能力5.5亿吨作为约束性指标，把主要是口粮的小麦稻谷自给率达到100%作为约束性指标。这样，用于保障粮食安全的谷物需要量具有相对稳定性。《规划》还提出了耕地保有量、化肥利用率、农药利用率和农膜利用率等与粮食生产直接相关的约束性指标。《规划》提出的8个“十三五”农业现代化约束性指标，其中有6个直接与粮食生产能力及其生产资源保护和要素配置方式有关。可见，《规划》使国家粮食安全保障更加有力。耕地资源数量和质量并重保护，是保障国家粮食安全的根本。《规划》提出了在全国全面完成划定15.46亿亩（约1亿公顷）永久基本农田，并将其落实到农户、落实到田间地头，不搞动态调整，这既从根本上保住了粮食生产能力，又确保了对农田基本建设的投资不被浪费。

国务院新闻办2019年10月14日发表《中国的粮食安全》白皮书，

白皮书发布的数据显示，仅从2010年算起，中国粮食总产量先后跨过5.5亿吨、6.0亿吨、6.5亿吨三大台阶，2015年开始连续4年稳定在6.5亿吨以上的水平。目前，中国人均粮食占有量达到470公斤左右，高于世界平均水平。2018年中国粮食产量近6.6亿吨，比改革开放之初的3.0亿吨增产120%，是新中国成立时1.1亿吨的近6倍。目前，中国人均粮食占有量比1949年增长了126%。包括在新冠肺炎疫情期间，中国政府“保障体系有支撑、市场波动有监测、应对变化有预案、保供稳市有责任”的作为也在告诫人们，不忘粮食安全在国家战略中有着重要地位。

在2020年底召开的中央经济工作会议中，“解决好种子和耕地问题”引人注目。自党的十八大以来，在中央经济工作会议层面提到解决种子问题还是首次。这次中央经济工作会议一个很引人注目的提法，就是“要开展种源‘卡脖子’技术攻关，立志打一场种业翻身仗”。解决好种子和耕地问题，就是保障粮食安全，关键在于落实藏粮于地、藏粮于技战略，具体措施包括：第一，要加强种质资源保护和利用，加强种子库建设；第二，要尊重科学、严格监管，有序推进生物育种产业化应用；第三，要开展种源“卡脖子”技术攻关，立志打一场种业翻身仗；第四，要牢牢守住18亿亩耕地红线，坚决遏制耕地“非农化”、防止“非粮化”，规范耕地占补平衡；第五，要建设国家粮食安全产业带，加强高标准农田建设，加强农田水利建设，实施国家黑土地保护工程；第六，要提高粮食和重要农副产品供给保障能力；第七，要加强农业面源污染治理等措施。解决好种子问题，瞄准的是14亿中国人的超大内需市场，是构建新发展格局的必然要求。

从走进调研，到亲身经历，我们越来越清晰地感受到习近平总书记所说的“把饭碗端在自己手里”这句话的分量和含义。老谷种等粮食资源的消失，让我们失去的不仅是童年的味道，更失去了祖辈们长期积累的智慧，甚至失去了一份维护国家粮食安全的保证。一碗经历了时间的洗礼，能够让人民放心食用的米饭，在提醒人们，在抬头仰望星空、发展现代科学技术的同时，不忘低头看地，从祖先的智慧中寻找答案，看看传统耕作技术给予我们的启示。“把饭碗端在自己手里”，不仅是警示和忠告，更是国家和民族的忧思，是国家安全、民族未来希望之所系。

二、为大米销售操劳的娘子军

“把饭碗端在自己手里”是一个宏大、复杂而系统的工程，从宏观而言，它关乎民族的生存和国家的发展；从微观而言，它与一个个系统环节紧密相连，如有哪一个环节出了问题，就有可能把“饭碗”砸碎。仅以苗家贡米产业来说，如果说岩锣村的大米加工厂是一个巨大的链接“枢纽”的话，那么它一端联系到诸如子腊村、夜郎坪村、米沟村、松桃达车村等稻谷生产端，有了优质的稻谷，才能生产出优质的稻米来；另一端链接稻米的销售端，没有强大的销售团队，优质米源很难一一到达消费者手里。所以，稻米生产—稻米加工—稻米销售，三个环节缺一不可，只有这三者处于顺畅和谐的链接关系时，“把饭碗端在自己手里”才能被称为真正的现实。为此，我们不但要感谢苗家贡米的生产者、加工者，也要感谢推广者。这里要讲述的销售者代表人物就是陈茜、吴玉花和施林娇等一群娘子军，她们日夜操劳，运转着这台庞大的“销售机器”。

上文提到，花垣县派陈茜到子腊村任职，不久，吴玉花村支书就和陈茜相见恨晚。陈茜在深刻了解了子腊村的情况，体验了这里的风俗民情后，更加笃定了坚守子腊、发展壮大子腊的决心！陈茜博士后来发现了子腊香根米独特的历史意义、独有的生长环境以及良好的发展前景，欣喜若狂，她认为这是子腊最好的发展机会。为了做大做强，子腊香根米的价格肯定不能像过去一样，让村里家家户户入不敷出。但是这米的价格如果上不去，该怎么办呢？于是陈茜博士研究了子腊香根米的历史文献，发现它是明清时期的“贡米”，如果成功申报了农业文化遗产，那所有问题就迎刃而解了。于是，一个“疯子”带着一群“傻子”，开启了漫长而紧张的申报之路。陈茜与其他村民呕心沥血，果然功夫不负有心人，申遗成功了。为了使子腊香根米能够更好地售卖出去，促进子腊香根米销售量的提升，陈茜博士委托了一个老同学——祝勇，他是红网湘西站的负责人。这位老同学大力支持陈茜的产业扶贫计划，介绍了湖南贡米农业有限公司总经理邹爱华给陈茜认识，两人于 2018 年对接成功，于 2019 年在吉首市见面详谈。两人相谈甚欢，一拍即合，邹爱华答应先帮陈茜驻村扶贫的子腊村销售一万斤稻谷，按 7 元/斤的价格将其运到岩锣村米厂进行加工，以后和步步高集团的合作执行友情价，达成长期合作。

子腊香根米的销售，除了步步高集团的助力外，还有深圳力源集团的协助。力源是吴玉花支书在微信群聊天结交到的，经过交流与探讨，在水稻除草方面，决定将传统方法与现代方法相结合，即采用一部分生态安全产品“电子纳米碳”。有了现代高科技支持，节省了大量人力物力，提高了种植子腊香根米的效率。近几年来，抖音短视频文化盛行，于是吴玉花支书开设了抖音号，利用抖音来做营销，她拥有了众多粉丝，通过抖音渠道就销售了近五万斤大米。

网红即网络红人，网红经济是当今一种独特的社会现象，多以年轻貌美的时尚达人为形象代表，以红人的品位和眼光为主导，进行选款和视觉推广，在社交媒体上聚集人气，依托庞大的粉丝群体进行定向营销，从而将粉丝转化为购买力。尽管大多数人对网红及网红经济有着或多或少的偏见，但不得不承认的是，网红经济可以带来许多喜闻乐见的效果，如能带动经济增长，能带动相关产业发展，也能促进就业。作为花垣县“四朵金花”之一的施林娇也是花垣县的一朵“奇葩”，她是十八洞村第一代返乡创业的大学生，借助新媒体的力量，将湘西贫困山区的优质农产品卖到了全世界。看施林娇的直播和短视频，经常可以听到旋律优美的苗歌，欣赏到十八洞村的风土人情、美丽动人的湘西醉景，以及湘西村民充满生活气息的情景。施林娇穿着具有苗寨风情的特别服饰，在网络平台上帮助乡亲们销售苗家贡米、腊肉、土鸡蛋、蜂蜜、酸萝卜等特色产品，效果甚佳。因为新冠肺炎疫情的来袭，许多农产品滞销，邻里乡亲都愁白了头，善解人意的施林娇毫不犹豫地伸出援手，帮助乡亲们售卖产品。

陈茜、吴玉花、施林娇，她们都是普通人，但又是一群不一样的娘子军。她们每一个人都在日夜操劳，都在为苗家贡米这台庞大的“销售机器”正常运转扮演着螺丝钉的角色，她们也在为湘西花垣的脱贫摘帽默默地奉献，正是有了她们的努力，才能真正实现“把饭碗端在自己手里”的目标和愿景。

三、一个伟大的构想

早在2015年6月，习近平总书记在贵州考察时就曾提出，扶贫工作要做到“切实落实领导责任，切实做到精准扶贫，切实强化社会合力，切实加强基层组织”，并要求在扶贫攻坚工作中实施六个精准扶贫方略，即“扶持对象精准、项目安排精准、资金使用精准、措施到户精准、因村派人精准、脱贫成效精准”。以此观之，步步高集团这些年来所实施的产业扶贫“点石计划”，无论当年建设十八洞水厂，还是今日兴建岩锣村米厂，都是在落实习近平总书记关于精准扶贫指导思想基础之上，结合了步步高零售企业自身的优势而实施的。步步高集团始终坚持产业扶贫“四跟四走”的思路，发挥企业自身的商业渠道优势，以打通产业扶贫的“最后一公里”。步步高集团这些年对接了湖南省内几十个村庄，并引导这些村庄依据各自特点和优势，种植或养殖与市场相匹配的农畜产品，由步步高集团对这些产品，按照市场行情和保护价格进行包采、包销，同时优先向贫困村敞开大门，解决其剩余劳动力就业问题。

步步高集团对精准扶贫政策的实施，有着自己的一整套体系完备的、操作可行的方案。在最初的产业扶贫中，步步高集团只是简单地将贫困地区的产品进行收购和售出，但难以保证产品的质量，使得产品的规格也难以统一，这在某种程度上造成了销售上的困难。而在第二个阶段，步步高集团实施的产业扶贫项目大多是在因地制宜的基础之上，精准寻找符合传统和市场的标准化、规范化的产品进行打造，走“农业工业化”之路，即先规范相关贫困地区种植、养殖某种类型的农畜产品，再由步步高集团对其进行统一加工和包装化管理。其中，十八洞水厂和岩锣村米厂即是这一阶段的典型代表。截至2020年12月，步步高集团的第二阶段计划成效显著，共帮扶贫困村90个，建立扶贫采购基地65个，与城步、绥宁等14个贫困县签订扶贫战略合作协议，直接或间接签收了1万多家贫困户，实现户均增收3500余元，目前已与贫困县、贫困村签订农畜产品采购协议总计达11.8亿元。

的确，岩锣村米厂的建设，激活了一方土地，带去了一方平安，带动了一方百姓致富，这无疑是步步高企业的历史使命和责任担当。然而，作为一家有使命感和责任感的企业，不应止步于此，他们还有更加广阔和恢宏的理想与作为。对于广大民众的福祉，特别是对那些天高地远的“老少边穷地区”的百姓来说，如何可持续发展，如何在脱贫摘帽之后致富和振兴乡村，无疑是需要思考和行动的。对此，步步高集团制定了一个长远的构想，即实施第三阶段计划。他们希望建立一只全社会共同参与的特殊扶贫“基金”，协同企业、社会组织和政府各方面关系，以此来共同建构一个范围更广、力度更大的现代化产业扶贫“大厦”。通过“基金”运作，在全国建立起一个个小型而精准的，既富有传统和地方特色，又具有现代产品属性的农产品加工场，形成产业联盟，开发多元化的民生产品；形成一个牢不可破的扶贫产业集团，让更多的贫困地区的人民共同分享国家发展带来的成果，也能让更多人守住内心的一份美好与初心。当然，这一伟大构想是针对当前农业工业化产品所生“产量高、投资大、规模大”之弊端而提出的。其目的是建立一个个以小型化、乡村化、特色化为特征的农产品生产、加工基地，让偏远之地的优质农产品为国人服务，以解决不平衡的矛盾，努力打造一个永不撤退的“扶贫工作队”，以巩固扶贫成果，防止返贫现象的出现。

面对未来，每一个人都有一份期待，每一家企业都有一份期许。一分耕耘，一分收获，付出多少，就期许获得多少。但愿步步高集团第三步计划能如愿以偿。

2020 年，是我国脱贫攻坚的决战决胜之年。习近平总书记在江西调研考察扶贫工作时曾指出：“在扶贫的路上，不能落下一个贫困家庭，丢下一个贫困群众。”党的十八大以来，在党中央的统一部署和领导之下，扶贫开发工作摆在治国理政的突出位置，党的十九大之后又将打好脱贫攻坚战作为全面建成小康社会的底线目标。2020 年注定是一段不平凡的岁月，在脱贫攻坚、决战决胜的收官之际，突发的新冠肺炎疫情给全国人民实现历史性的伟大目标增添了一个格外的严峻考验。无论是步步高集团的企业，还是湘西花垣的每个村落的村民，都一手抓防控疫情，一手抓脱贫攻坚，可谓忙得不亦乐乎。好在最后的结果是交上了一份满意的答卷。脱贫摘帽的任务算是完成了，但紧接着可持续发展和乡村振兴的使命更为光荣而艰巨。前进之路，任重而道远，急需上下求索之精神。一个个鲜活的创意和智慧，一步步前行的脚印和努力，在追求美好幸福生活的功劳簿上，将会记载上每一个为之奋斗的足迹。

摘帽：苗家贡米助力脱贫的路径选择

尾声

调研手记

范柳（中央财经大学）

7 月 15 日至 7 月 26 日，十几日的时光转瞬即逝，我作为一名中央财经大学学生有幸跟随谭老师来到湘西探寻岩锣村、夜郎坪村、子腊村、米沟村以及贵州松桃达车村的脱贫奥秘。与此同时，我们真诚地希望岩锣村米厂的产业扶贫先进经验，能为全国相关地区的产业扶贫予以借鉴。

在这里，我遇见了许多努力生活的人，他们虽生活在政策难以触及的封闭之地，他们的生命旅程虽然遇到了许多坎坷、困难，但是他们依旧选择以满怀的希望去努力面对自己的选择，或许这就是一种“世界以痛吻我，我要报之以歌”的乐观与坚强。

生活的鸡零狗碎，在不知不觉中便会如毒药般消磨掉一个人的光彩。我看过太多的人，从最初那说走就走的意气少年，变成后来妥协于眼前的苟且，而不得已舍弃诗与远方的苦者。或许在不久的将来，我们在“成为自己”之前，都需要被冠以“××家长”“××丈夫/妻子”的头衔，这或许也是人生所必经的旅程。生活很漫长，每个人都有着自己的独属人生。在这次调研中，我便遇见了许许多多的人，领略了许许多多不一样的人生。“人生就像橱柜里的展品，有棱角才会不一样。”每一个人都在生活中，打磨出自己的棱角，或许《三十而已》中的这句话最能贴切地概括他们那难以言说的一生。

我们敬爱的田金珍支书，学历水平虽不高，却尽心为孩子们拍出了那部精美的纪录片，担任党的十八大代表以来，她兢兢业业，始终不忘自己的责任与担当，她的人生篇章一页页翻过，留下了最美的回忆，她的人生，有无尽的精彩。我始终记得这个伟大的女人，对于那群孩子们的关怀与坚持，或许这也是母亲光辉的普耀之所在。一个女人什么时候都可以柔弱，但论坚强，谁都比不过一个母亲。所以，正在努力经营自己人生的我们，要始终坚信哪怕你自己只是个普通的小人物，也能活出自己的精彩与快意，世界之大，总有一处舞台是以你为中心的，华幕只为你而落。

说到母亲，便不可不提父亲。奔走半生，只为孩子能够活得更加顺心如意，吴金杯的前半生，一直困在这个望不到出路的达车村，但他却有着“万般皆下品，唯有读书高”的认知，他一直笃信着“不论付出多大的努力，也要将孩子送进知识的殿堂”。身为一位父亲，他将自己的努力系在孩子的未来上，所以他始终不敢停下脚步，始终在努力前行！

当你走得越远，你便看得越多，看过人生各境，才越能明白自己的心之所向！或许生活中有一道道难关，等待着你去越过，但不可一蹴而就，要脚踏实地方能稳当。当你被前方之难，扰乱了坚定的心，便去想想自己的父母吧，他们永远是你最厚实的臂膀，为你撑起一片自在安定的天空。当你飞翔远方，看遍世界繁华之时，他们不愿去打搅你的生活；但当你困苦之时，他们却总会在第一时间拥你入怀，给予你最大的支持。请你相信：无论何时何地，他们永远在你身后。

可在此次调研之中，我也看到了另一番景象：步履蹒跚的老奶奶独自挑着一箩筐不知名的瓜，就这样慢慢地往前方走着，而我在身后看着，望着，探寻着，直到老人消失不见。镜头一转，一位老爷爷映入我的眼帘，他扶着没有前轮的四脚架，一步一步在水泥马路上拖行着，缺脚的那一边，用力地摩擦着马路，发出咔呲咔呲的声响，似是也划过了我无动的心。由于我不想去打扰他们，所以只是简简单单地站在一旁，看着他们一点一点脱离我的视线。

儿行千里母担忧，对于子女来说，在外成家立业，故乡的父母只能在千里之外以寄忧思。这一切都是因为贫困，在外漂泊的游子，也只是为了下一代更好地生活，这短暂的离别，或许是为了更长久的相聚。

对于产业扶贫来说，或许没有恒久的模式，也没有终极的答案，只有循序渐进地推进全面深化改革，不断优化扶贫方法，努力做到明道取势优术，或许才能做到让老少边穷地区的人们，在老去之时也能被时光温柔以待。

在调研中，我们不仅仅学习到了一些采访的技巧，还见识到了湘西贫困村落这些年所发生的巨变。触动我最深的一件事，便是十八洞村的建设。可以想象，在海拔 800 多米的重峦叠嶂之中，生长着这样一个不为人知的小村寨，如若不是当年习近平总书记走访考察，这封闭的苗寨可能等上千百年也难有出头之日，最终有可能落得无奈湮没的境地。幸而，此地在习近平总书记探寻之后，相关政策便逐渐落实，精准扶贫的指令下达后，十八洞村的基础设施逐渐完善，盘山高速公路、旅游风景区、房屋改造等，这些都以一种现代化的方式呈现在眼前，或许如今很难有人能联想到，如此美丽动人的十八洞村，8 年前却还是一个人均收入不足 1000 元的深度贫困地区，如今真可谓是飞速之变啊。

除了十八洞村，在岩锣村以及夜郎坪村，我们也看到了许许多多的新房，它们错落在古老的苗寨之中，值得一言的便是，每一座房屋之上都插着一面如血般醒目的五星红旗，在随风而动。或许，这是村民们在以他们的方式感怀我们伟大的党，感恩我们伟大的祖国。

沿着环村公路，我们一路行走，岩锣村的样貌一览无余：一条条硬化道路修到千家万户的门前，一眼望去，四四方方的稻田错落有致地铺在山谷村落之间，虽称不上是有如陶渊明笔下的桃花源般美好，但此地的生活却也称得上是“黄发垂髫，怡然自得”了。我们继续向前走去，只见，风起云动，眼动心摇，远远望去，连空气都是一派和谐美好。这当真是一次难以忘怀的旅程！

经过不断的深入调查，我们了解到湘西很多地方都已逐渐脱贫摘帽了。2020 年，虽是多灾之年，却也是脱贫攻坚，全面小康，决战决胜的收官之年，希望每一个为之奋斗的人都能守得住初心，留得住青山，护得住这一份美好，走完扶贫的“最后一公里”，让产业扶贫与乡村振兴能够更快地惠及各地百姓，及时交上一份让全国人民满意的答卷。

柯些妮（中央财经大学）

2020 年是脱贫攻坚战的最后一年，所以各贫困村面对迫在眉睫的收官，更需要加强政策和措施的到位和落实，大家都在齐心协力地进行摘贫脱帽。在这特殊的一年里，我有幸参与了对摘帽村——花垣县岩锣村的调研过程。在这里，我不仅看到了翠绿烂漫的山林，体会到了平和宁静的生活氛围，还结识了朴实的农民，认识了忙碌的工作队。

岩锣村的安稳长效、和谐发展，离不开这里的人们一点一滴的浇灌和一尺一丈的堆砌，他们让我看到了对美好生活的向往和为之奋斗的渴求。记得有一户人家里的阿婆，纵然已是花甲之年，仍不服老，农忙时还经常下地干活，种植茶叶，挖草除根；农闲时也经常帮助大家，与男子合力抬石块，上树摘果。阿婆的儿子也是一个勤劳务实的人，现在外务工，不仅经常被夸奖做工好，还坚持向上，持之以恒，在阿婆家的墙上至今都贴着儿子的预计收入汇总表。他们不仅期待着过上幸福生活，也在切切实实地为此而努力。

脱贫摘帽不是生活的止步点，而应该是新生活的起始点。摘掉贫困的帽子只是保障基本生活的第一步。为了追求更好更高的生活品质，建立起长效的乡村发展机制，需要做的工作还有很多。未来的乡村应该如陶渊明笔下的悠然见南山，如陆游笔下的留客足鸡豚，如高鼎笔下的草长莺飞，杨柳春烟，是产业兴旺、生活富裕、乡风文明、生态宜居的高质量乡村。

在这次调研过程中，我看到了国家和政府部门对贫困村落的扶贫，不仅仅是将他们从贫困线下拉上来，更是以授人以渔的方式，为他们留下了一个可持续发展的农村产业。比如，岩锣村的扶贫队就根据本村的自然情况和地理位置，为村子集体招商，引进了米厂、养猪场等实办企业；根据种植习惯和土地资源等，教习引导村民种植西瓜、黄金茶等；根据当地人的教育发展情况，培训发展了党员干部。他们说了一句让我感慨颇深的话——“我们要留下一只带不走的工作队。”也正因为国家和政府对农村扶贫的重视，哪怕遇到各种各样的挫折和磨砺，2020 年，作为全面建成小康社会的收官之年，一定是精彩纷呈、硕果累累的一年。

在对岩锣村的调研走访中，我发现自己对脱贫摘帽的理解更深了，脱贫不是完成时，只是进一步发展的起点。勇敢奋斗，不断向前跑，永远是乡村发展的进行时。一方水土养一方人，岩锣村的发展离不开当地的人，当地的自然，学会人与自然和谐相处、相辅相成将成为乡村发展的重要方式，这也是对乡村未来持续发展的信条。在离开岩锣村的路上，我不仅感受到了从遍野绿地到平地起高楼的景色变化，还直观感受到了从山林凉爽到平原燥热的气温变化，这也正如岩锣村的发展一定会如火如荼，搭上乡村振兴的集体列车，从此多元发展，愈加多姿多彩。

方德能（中央财经大学）

在这次10余天的调研活动中，我们大部分调研是在湘西农村开展的。虽然我个人的认识能力还未能完全达到一叶知秋的境地，但在某种程度上也能够做到见微知著。在去湘西调研之前，我对我国新农村建设、共同富裕、全面建成小康社会、各民族和谐发展等热点话题的认识还十分模糊，仅仅停留在纸面上、字面上、概念上的认识，有时候甚至怀疑这些提法仅是政治正确的提法，实际上可能难以完全做到。这次谭老师组织的调研活动是一次很好的认识我国乡村发展的机会。因而，在此次调研的过程中，我用心地观察、感受、体会、思考着每一天调研活动中所遇到的人、物、事。

地理环境决定论认为，地理环境（或者说是自然条件）对人类社会的变迁起着决定性的作用，是人类社会变化发展的根本因素，即人类社会的发展水平受到自然环境直接或间接的深刻影响。湘西地处湖南省西部偏北，地理位置相对偏僻，这就意味着相对远离湖南的政治、经济、文化中心，接收外部的先进文化、技术、产品的成本较高，因而显得相对闭塞、相对落后。此外，湘西州内多山地，武陵山脉自西向东蜿蜒于湘西，落差达1600多米。多山地、落差大就意味着其发展经济的成本极高，因而其社会发展程度就显得相对较低。然而，以上根据地理环境决定论推出的结论与事实并不完全相符，在某种程度上说，地理环境决定论在湘西并不完全正确，甚至有较大的偏差。我看到，湘西的乡村建筑与我的家乡贵港（平原地区）几乎没有什么差异，并没有因为地理位置相对偏僻、多山地而显得相对落后。此外，我家乡小卖铺卖的、常见的东西在湘西农村的小卖铺都能找到。何也？我认为，最大的原因便是在党和政府的大力支持下，湘西修建了大量高等级、高质量的道路等基础设施，使得湘西农村地区与外界交往的成本大大降低。在党和政府的领导下，充分发挥人民群众的主观能动性，能够在很大程度上摆脱先天不利的地理环境。湘西的发展水平、现代化程度在一定程度上反证了地理环境决定论的局限性，印证了人的主观能动性的巨大影响力。

先富带动后富，然后走向共同富裕。通过积极参与市场竞争，步步高集团的许多管理人员、股东都已率先摆脱了贫困的生活状态，拥有了相对富足的生活。但他们并没有因此而乐在其中、自我满足，而是积极响应党和政府的号召，投身到社会公益事业中，通过产业扶贫、直接捐助等方法，帮助贫困群众脱贫致富。成立26年来，步步高集团先后向社会各界捐款达1.7亿元。近年来，步步高集团通过系统推行产业扶贫的“点石计划”，共对接90个贫困村，签订的扶贫农产品合同价值总额达 11.8 亿元。通过切身调研，我感受到了以步步高集团为代表的中国企业正积极投身于我国的扶贫事业，让我进一步坚定了我国必将保质保量地实现全面建成小康社会、实现人民共同富裕、实现中华民族伟大复兴的宏伟梦想的信念。

21 世纪什么最贵？人才！为了促进贫困地区的脱贫致富，湖南省各级政府各部门纷纷与贫困地区对接，派遣本部门的优秀人员入驻贫困村，指导贫困村的脱贫致富。在此次调研活动中，我了解到湖南省委组织部与岩锣村对接，以指导岩锣村脱贫摘帽。我在与湖南省委组织部驻村工作队队员的交流中，发现以毕栋梁为代表的驻村工作队队员不但有极强的组织动员能力，而且说话常常引经据典、旁征博引、侃侃而谈，让人很容易感知到驻村工作队队成员不一般的见识、修养与能力。后来，我才知道驻村工作队队员大多是来自名校的高材生，其中有国防科技大学的，也有中国传媒大学和复旦大学的。难怪驻村工作队入驻岩锣村不久，便将因各种原因停工十八年的断头路给修通了。这条断头路，政府曾多次拨款下来，但就是没法动工。他们的能力和行事风格，也很好地诠释了岩锣村的贫困率为何能从原来的 34.00% 下降到 0.65%，岩锣村为何能引进如此多的产业扶贫项目，村容村貌为何能变得如此井井有条。由此，我深切地感受到了政府的扶贫计划、扶贫政策并非停留在口头上、纸面上，而是真真切切地落实到实际工作中去了。

一次湘西调研、十天左右的洗礼，使我对湘西有了一个深刻的认识，对我国农村的发展充满希望，对我国未来更大的发展满是憧憬。

付羿雨（北京师范大学）

品尝过城市工业产业链下索然无味的食物，不如尝一尝农家人亲手播种与收获的香根米；啧然于难以适应的直饮水的味道，不如来一瓶甘甜的十八洞村山泉水；住惯了钢铁丛林中的层式公寓，不如躺在传统的苗家木屋中，听一听夜晚虫鸣。这里是湘西，是文人笔下的风情万种，古韵悠扬，也是我们这群青年大学生调研队队员眼中的心念所归，璨以晨光。

在岩锣村、子腊村停留数日的经历，教会我们的不仅仅是心系基层、献身扶贫的家国情怀，更教会了身为新时代的大学生的我们，要培养将学问做在大地上的意识与能力。在这里，我遇见了为村内扶贫鞠躬尽瘁、倾注心血的女支书吴玉花，也遇见了利用生态扶贫、农业文化遗产为子腊脱贫注入鲜活血液的吉首大学陈茜博士及其工作队队员，同时也遇见了黑土麦田公益组织的青年扶贫队成员向朝。“知识扶贫”“人才扶贫”和人力资本在精准扶贫中发挥着重要甚至是决定性的作用。在未进行人才下放时，花垣县的扶贫工作举步维艰，仅仅依靠自身村民的努力是无法见到“清风徐来”的一天的。而扶贫工作队、大学驻村研究队、公益组织驻村青年扶贫队的加入为这个村子注入了全新的血液，“将学问做在大地上”的扶贫宗旨和不忘初心、扎实工作的工作理念让子腊村成功“守得云开见月明”。

我们与陈茜博士、吴玉花支书及向朝等人进行了数小时的交谈，对他们蕴含着无数血汗泪、痛苦与幸福的扶贫经历有了直观的了解。此时当我再次听陈茜博士讲述为子腊贡米申遗的录音时，我依旧会为之动容，心头也会涌上对奋斗在一线的扶贫干部们的崇敬。吉首大学的博士放弃在县城稳定安宁的公务员职位，跑到这个山沟沟里做无人愿意做的扶贫工作，旁人或许无法理解，但陈茜博士不仅将这项工作坚持做下去了，而且做出了“大名堂”。在她的主导下，子腊贡米复合种养系统成功申请了中国农业文化遗产。陈茜博士作为学者，为我们在学术领域树立了榜样；她作为扶贫工作者，也为当代大学生在实践领域指明了道路。精准扶贫的过程在旁人听来或许只是动容的故事，对这些亲历者来说却是切身的苦辣酸甜。在多方力量的共同努力下，子腊村的人均纯收入由2013年的2000元增加到2019年的5000元，2020年村集体经济收入达到9万元。

无数的岁月变迁，改变了在这片土地上居住的人的一张张面孔，却未能改变这片土地上的一脉坚毅、热忱，和对村落屋舍、黑土稻田的热爱。数百年过去了，如今我们仍能看到子腊村民在田地间辛苦劳作的身影，恍惚间仿佛能看到苗族先民穿着民族服饰，在田地里齐心开垦的画面。稻花香，田野味，鹧鸪声，农忙季，天高云淡，鸟群低飞，就是这样，子腊村的人民与自然构成了一道亮丽的风景线。而在这道风景线背后，随之一同高高扬起的还有精准脱贫的风帆。

在花垣只一周，给予我的感触、收获却需要我花上数个月的时间去思考和梳理。我从小身处县城，虽然与农村的接触也颇为紧密，但我从未真正深入农村、了解农村。这次前往湘西的调研给予了我剖析农村的机会。作为新时代的大学生、即将踏入学术之门的研究者，唯有将学问做在大地上，才能不让自己被束之于学术高塔中。

徐奕涵（中央财经大学）

收到来自谭云明教授的调研信息时，我正在家中浇花，午后的日光在阳台上倾斜，洒下一道道温暖的光芒。谭老师向我介绍了这个以产业扶贫和乡村振兴调研为例的思政教育与新闻专业无缝对接的课题研究。我在看过了具体的申报书之后，马上应下了此次调研任务。于我而言，这不仅是我学业生涯的一次新的挑战，同时也将实现我一直以来希望有机会深入乡村、领悟民生百态的梦想。

正式调研的出发时间是在2020年7月16日，我乘坐高铁到了长沙与调研团队会合，之后再坐车来到了湘西花垣县。此前的几个月正处新冠肺炎疫情期间，我待在家里查找了很多有关花垣的信息，了解了当地的一些基本情况，但线上的文献资料与实地亲眼所见的感受完全不同，也许只有亲身经历的才算是真正的乡土风情。面包车开进花垣县，与我想象中坑坑洼洼的山路、高低不齐的瓦房不同，这里更像是一个未经世俗沾染的山间小镇，平整开阔的柏油马路在山间穿梭而过，路边的房屋错落有致，我们居住的酒店大厅摆放着几面红色的大鼓和木制的桌椅，房间干净整洁，窗外是山间翠绿色的林木，偶有黑白相间尾羽的鸟儿站在树梢上歌唱，“萧萧远树疏林外，一半秋山带夕阳”，一幅美好的山中画卷在我们的眼前缓缓展开。

来到花垣县的第一天，我们就去参观了岩锣米厂，银白色的生产车间拉开了大门，我们看到了许多精密的仪器和辛勤的工人，也看到了仓库里包装精美的一袋袋大米，生产车间的旁边是子腊贡米的回忆史，从春耕夏耘到秋收冬藏，朴实无华的文字仿佛真的将一幅田园耕作图景展现在我们眼前。农人们戴上草帽，三五成群地踏进秧田，一年四季，每个时节都有自己的耕作规律，勤劳永远是他们最高的生活态度。一年的辛劳和收获转瞬即逝，来年依然忙碌，依然充满着无限的希望。

离开贡米生产基地之后，我们兵分两路，我和三位同学一起来到了十八洞村的姊妹村岩锣村。面包车开进村落，映入眼帘的是古朴雅致的村民服务中心，还有独具苗族文化气息的大戏台，群山环抱下的村落宁静安详，一排排的竹屋、瓦房依山而建，身穿藏蓝色苗服的阿婆在路边坐着，边聊天边纳鞋底。山间缺少开阔的平地，于是每家每户的门前都开拓了一片土地，有的种稻子，有的种玉米，还有的种植了一片西瓜。

“一水护田将绿绕，两山排闼送青来”，漫步在山野间，我才真正懂得了什么是大山的子民，什么叫中国的乡村。

和村里的扶贫队联系过后，我们走进了村民的家里和他们聊天，希望了解一下他们的生活。在村民们的讲述中，我们看到了岩锣村的致富之路，自习近平总书记2013年提出了“精准扶贫”之后，岩锣村就开始了扶贫之路，一批批工作队来到这里，挥洒自己的汗水，付出自己的智慧。像步步高集团这样的企业公司为这些村镇开启了“点石计划”，岩锣米厂便是其中的一项伟大成果。村民们抓住了这些机会，积极配合工作队的工作，踊跃地提出自己的意见，也为米厂出人出力。几年后的今天，我们看到的岩锣村已经不再是原来那个破落荒凉的山间村落了，年轻的力量回到了这里，瓦房盖起来了，新的道路取代了之前坑坑洼洼的山路，基础设施完善了，人们脸上的笑容也增多了。我们看见走访的村民家中还贴着扶贫的宣传标语和记录，伟大的扶贫计划真正落实到了中国的每一个角落。

离开岩锣村之后，我们还去了同在花垣的十八洞村，参观了十八洞村的水厂。夜晚的山间，满天星斗挂在半空中，抬起头便是星海漫天，这是在如今的城市难以见到的风光。一路上，老卫城、夜郎坪，一个又一个的民间故事充斥了我们的记忆，由绿转黄的稻浪，林间的金丝桥，远处若隐若现的秋千鼓楼，还有每一个乡民脸上真挚善意的笑容，让我们完全融入了大山的怀抱，真是应了孟浩然的诗句：“绿树村边合，青山郭外斜。开轩面场圃，把酒话桑麻。待到重阳日，还来就菊花。”

离开这片土地比我想象的要更快，仅仅一周多的时间，我们看过了山川，留下了汗水和笑容，那些远去的日子，承载着真诚的信仰，将永远留存在我们的记忆中。

谭莎利（湖南工业大学）

2020 年 7 月 16 日，我正式开启了懵懵懂懂的湘西调研之旅，虽是新手上路，但毫无撤退可言！

一路颠簸，艰难抵达十八洞村大酒店后，晚餐时刻，我表面波澜不惊，侧耳倾听老师与邹爱华师兄的交谈以及对我们的嘱咐，实则早已被一大桌子的美味佳肴勾走了七魂八魄。本来以为会是湘西苗家特色菜品，没想到是我们常见的美食，大概是因为十八洞村大酒店主要是迎接从远方而来的客人，为了顾客能更好地适应这里的环境而建造的。但当我听见爱华师兄说“大家不要对农村生活太抱有期待”时，我正埋着头想把一颗香汁酥肉丸送到嘴边，它“扑通”一下就掉进盛了汤的碗里，激起了我内心久久不能平息的涟漪。后面的每一句都宛如一道闪电，无情地劈掉了我所有不切实际的幻想。

据爱华师兄说，村里是没有饭店的，所以请珍惜今晚的“豪餐”；村子里面家家户户都是最朴实的原始木头屋，由纯天然的木料构造；睡的条件也不太好，村寨的人家一般都很节约用电，所以一进去就会觉得暗淡无光，特别是夏天，有许多蚊虫叮咬；这里的如厕环境也是我们不能想象的；村寨老人都没有怎么出去过，一直安稳地生活在交通闭塞的村寨，说的俱是苗语，虽然现在交流的规范用语都是普通话，但是还有很多贫困封闭的地方没有学习运用起来。所以我们调研人员和老人家交流会存在一定障碍。然而我们必须克服这些困难，时刻谨记我们的调研目标，保证完成我们的调研任务。

我努力消化了这些消息，心情平复下来后，除了失望，竟然还隐隐有些期待。第一次跋山涉水参与调研，第一次有幸亲眼看见苗寨，感受苗家文化习俗，第一次可以借住苗家与苗家人欢声笑语，第一次这么近距离接触扶贫脱困，第一次那么全面地记录花垣扶贫产业链，了解它的内部结构，记录为这里贡献每一份力的人的酸甜苦辣……

绝大多数人对湘西花垣的目光都投射到扶贫进行得怎么样，扶贫队成员怎么样，村民及村干部对扶贫的努力是什么样的……但是这次我想把自己的目光停留在湘西花垣最美丽、最独特的地方，我第一次来到这里就被它的“个性”深深吸引，让我明白它是不一样的，是魅力十足的！

我们目标地点的第一站是岩锣村，在白天观摩了岩锣村米厂的机械化运作，了解了大米生产的主要方式及其销售包装后，我们前往十八洞水厂。在水厂外面等候负责人处理相关手续时，我们迎来了湘西的第一个奇妙的夜晚。水红色、幽蓝色、银白色、暗紫色……天上璀璨的星光瞬间夺走了我们的目光，它们像顽皮的孩子一样，稚气、执着地注视着人间，仿佛在用明亮的眸子讲述一个美丽动人的神话。这绝对是我们在城市里看不见的纯净星空！大家一定都在文学作品或者影视作品上看到过“鬼火”，我从来没有想到我可以这么近距离接触如此神秘而让女孩儿害怕的东西。我作为惧怕者之一，在听说水厂的后山出现了“鬼火”时，终究是恐惧战胜了好奇心，留下了遗憾，没有亲眼看到“鬼火”。唉声叹气地走进水厂，为了不影响水厂的正常运行，我们全副武装，做好防护工作，一条路走到底。我们屏息凝视，水厂机器正在有条不紊地作业，走到里头，看见许多大箱子堆积如山，有一些还未来得及合上盖。我们走近一看，发现是不计其数的试管状物品，大概一根食指长，经询问得知，是将来“吹”成矿泉水瓶的“瓶坯”！在十八洞村的所见所闻，真是让我们不虚此行。

我们的调研活动，一开始是分头行动的，我和另一个同伴共同前往子腊村。我们拜访了村支书吴玉花，热情似火的美丽苗家姑娘，竟是两个比我们还大的孩子的母亲！岁月真是偏心，一点也没有在玉花支书的脸庞上留下痕迹。我们应邀在玉花姐姐家住下来，古色古香的木房充满了浓浓苗家气息，我们的一日三餐都很丰盛。我们受到了最热情的招待，我真的太喜爱这里了！后面据我观察，才知子腊村村民其实很少吃早饭，但是为了满足客人的需求，他们早起精心备好营养早餐，让我们不胜感激。后来我们去了子腊村挖掘出“阴沉木”的水田，玉花支书一边带路，一边绘声绘色地讲述当年的执着与艰辛，为了挖掘“阴沉木”，他们付出了极大的心血。路上偶遇一个20岁左右的年轻人，正在为自家负责的田地打草除虫，尽管身上沾满了泥土，但他脸上洋溢着满足的笑容。湘西花垣县的很多村寨的村民，绝大多数是留守的中老年人，子腊村能出现一个年轻人的身影实属罕见！之后我们对他进行拜访，得知他放弃外出务工而坚守家乡，是因为热爱家乡传统的“法师”行业。没错，这么年轻的小伙子是名优秀的“法师”，还有了自己的团队。后来为了更加了解子腊村的扶贫故事，我们主动提出想让玉花支书带我们去相关人家了解情况。我们在前往一户人家的路上，看到有村民养蜂，村民还在蜂巢周围浇水，我们疑惑地询问了玉花支书，她解释道："浇了水，蜂就不走了！不会跑到别人家去咯！"玉花笑着和村里人打招呼，然后带我们去下一家。走了一段路，我们到了做苗绣的村民家，小小的水泥房里散落着精致的苗绣服饰，房子里都快放不下他们家辛苦做好的衣服了。一问才知道，子腊村的苗服都没有售卖点，也没有银匠，都要把做好的东西运到外面去卖才能获益，太不方便了。我们安慰道："等咱们子腊村的扶贫产业越做越强，村寨发达了，这些都不是问题！"

在花垣县村寨的所见所闻，所有让我们觉得新奇的一个个点，汇成了一个独一无二的湘西花垣的独特样貌，交相辉映，熠熠生辉，"贫困"不应该是拖住它脱颖而出的"绊脚石"。只要我们每一个人都为扶贫事业奉献一份心智，我相信在未来的某一天，一定能够实现"花垣"变"花园"的梦想。扶贫之路漫漫，未来可期！

后记

POSTSCRIPT

《摘帽：苗家贡米助力脱贫的路径选择》一书总算要交稿出版了，从2020年7月组团去湖南湘西花垣县调研到如今完稿，算是历经大半年的时间了，诉说不易，实不夸张。自2020年开始，就注定了这个年份的不平凡。且不说它是我国全面打赢脱贫攻坚战的收官之年，也不说它是我国全面建成小康社会目标的实现之年，单说年初突发的新冠肺炎疫情，历时之长、影响范围之大，就属史上罕见。面对这场席卷全球且至今尚未结束的疫情，全国上下在党中央统一指挥下，众志成城，拧成一股绳，下好一盘棋，一手抓防疫、一手抓生产，最后取得了抗击疫情的决定性胜利，中国成为2020年世界主要经济体中唯一保持正增长的国家。实践证明，我们又一次经受住了严峻的考验，中国特色社会主义制度的优越性再一次得到了彰显。

尽管如此，突发的新冠肺炎疫情确实在一定程度上打乱了大至国家、小至个人的既定目标和节奏。2020年我们组团到湘西花垣县调研和撰写出版《摘帽：苗家贡米助力脱贫的路径选择》亦然。早在2018年6月，我曾与艾华商议，计划那年暑假组织首都部分高校师生前往湖南花垣县十八洞村做一次产业扶贫的调研活动。当年活动很顺利，10月便出版了《探路：产业扶贫十八洞村思考》一书。出版此书之际，我们就曾计划围绕扶贫摘帽、脱贫致富、乡村振兴奔小康的主题，出版一套“产业扶贫与乡村振兴三部曲”——“探路”“摘帽”“振兴”，这套“三部曲”要基于乡村实际调研而非虚构，要立足于乡村产业发展，行文风格要有思辨性。于是在第一部作品“探路”出版后，我们一直在按计划实施第二部“摘帽”的调研和出版计划。

2019年，我有幸成功申报了国家社科基金一般项目课题——“大众传媒与乡村振兴的互动逻辑与路径选择研究”。基于这个课题项目的要求，我带领我的学生到湖南湘东株洲市、醴陵市、攸县、茶陵县、炎陵县等地，开展了大众传媒和乡村振兴的调研活动。历时半个月的调研，让我进一步认识到了当初设计的“产业扶贫与乡村振兴三部曲”调研和写作计划非常有价值和意义。于是在2019年底，我与艾华商定，2020年暑期我带学生再次去湘西花垣县开展调研，因为那里有一个名叫岩锣村的典型，其在产业扶贫摘帽方面值得一书。然而，突发的新冠肺炎疫情打乱了我们的行程规划。因为疫情，2020年上半年，全国高校都在线上授课，我无法与学生围绕调研开展面对面的线下沟通，只好改在云端交流。调研方案的制定、调研团队人员的遴选、行程日期细节的确定均进展缓慢，甚至原定计划随时可能泡汤。直至7月上旬，才最后敲定具体行程和调研人选。这些人选是来自北京和湖南高校的六位大学本科生和研究生，分别是中央财经大学的方德能、范柳、徐奕涵、柯些妮同学，北京师范大学的付羿雨同学，湖南工业大学的谭莎利同学。因疫情防控要求，他们都待在各自家里，于是约定：大家各自从家乡出发，7月16日在长沙集合。

这是一个炎热的夏日，我们终于相聚在长沙。我的一位老乡朋友贺玉喜先生，在得知我们要去湘西花垣县乡下做调研时，同样出生于农村的他，主动请求我们带他正在小学五年级就读的儿子贺显潘参加调研，旨在让其好好观察、体验农村生活，积累写作素材；他还向单位请假，答应全程开车陪同我们去。不仅如此，考虑到人多，一辆车坐不下，他还邀请了他的朋友为我们开车送行至花垣县。在疫情防控背景下，能得到如此慷慨之助，实在难得而荣幸。

在调研的这些日子里，我们走访了花垣县的岩锣村、子腊村、夜郎坪村、十八洞村，以及贵州松桃县的达车村，接触到了很多的人和事，其中的惊与喜、苦与累尽在不言之中，不再赘述。我们总体的感受是，日程满满，行色匆匆，收获多多。

调研结束后，我和艾华初步商定了写作提纲，除前言、后记外，拟定了七大篇，并将书名定为《摘帽：苗家贡米助力脱贫的路径选择》。全书拟以步步高集团的产业扶贫项目——岩锣米厂兴建及其稻谷采购体系为主线，讲述其是怎样通过产业扶贫的方式来帮助贫困村和贫困户实现精准脱贫的。其中故事的“主角”包括花垣县双龙镇的岩锣米厂、石栏镇子腊村的子腊香根米、吉卫镇夜郎坪村的崇山贡米，以及凤凰县腊尔山镇、贵州松桃县等采购基地的稻谷生产情况和扶贫情况。回到北京后，我根据初步商定的提纲和调研的情况，为每个章节细化了“写作建议”，最后布置给各位调研者，供他们撰写时参考。由于2020年下半年高校正常线下授课，学习和工作都非常紧张，初稿写作直到10月才基本敲定。随后稿件修改和配图工作进展也异常缓慢，最后至2021年寒假才算完工。

本书的写作和修改，除了亲自参与调研的队员倾心奉献智慧外，还得到了西安交通大学苏劲松博士生的大力支持和帮助，他为本书的成稿提出了宝贵的建议。中央财经大学新闻系的金欢、赖雯珺、吴家奇等同学也参与了书稿的修改和润色工作。本书是集体智慧的结晶，感谢每一位参与者！本书也是国家社科基金课题项目——“大众传媒与乡村振兴的互动逻辑与路径选择研究”的一个阶段性成果。本书的出版还得到了中央财经大学“红色擎，龙马行”教师“思政 +”专项支持基金项目“思政教育与新闻专业教育无缝对接研究——以产业扶贫和乡村振兴调研为例”的大力支持，故本书可算其结项成果。

这次调研和书稿的顺利出版还得到了中央财经大学新闻系、中央财经大学财经新闻研究所、北京市写作学会、北京指点文章国际教育科技有限公司等机构的大力支持；中国经济图书进出口有限公司总经理伏建全先生、中国经济出版社综合出版分社社长姜静女士和本书责任编辑王西琨女士对本书出版关照有加，在此致以诚挚的感谢！

写至于此，正值农历2020年小年，首都北京阳光灿烂，我的心也如释重负。恰好此时，远在湖南的艾华来电说，他又寻觅到了适合“产业扶贫与乡村振兴三部曲”的“振兴篇”的典型，期待我今年暑假多带些学生到那神秘之地再探究！

谭云明

2021年2月4日于北京